EIN TAG IN DER DOÑANA

Ein Führer durch den
DOÑANA NATIONALPARK, SPANIEN
mit Erläuterungen zur Naturgeschichte

MARTIN JACOBY

übersetzt und bearbeitet
von Inka Wilden

DANKSAGUNG

Der Autor ist dankbar für die großzügige Hilfe von Rosa Bañuls Miñana, Mauricio González-Gordon Díez, Ann Hawkins, Charles Jacoby, Angela Picón Lopez, David Price-Goodfellow of D & N Publishing, Hamo Sassoon, Penelope Warman, James Williams, Robert Williams, Wolfgang Hickel, Inka Renckhoff, Elke Meyer, Kerstin Kaiser sowie den vielen Menschen, mit denen er in die Doñana reiste und die ihn durch zahlreiche Fragen immer wieder inspirierten. Mögliche Fehler in vorliegendem Buch sind nur dem Autor und der Übersetzerin zuzuschreiben. Sie bitten darum, sie ihnen mitzuteilen.

Zeichnungen: Cecilia Fitzsimons

Text und Design © 1999 Martin Jacoby

Fotos: s.S. 161

Übersetzung und Bearbeitung: Inka Wilden

Druck: Gráficas Medina, Estepona, (Málaga), Spanien

Fotografien auf der Umschlagseite: Dünen bei Inglesillo, Spanischer Rothirsch, Schwalbenschwanz, *Malcolmia littorea*, Spanischer Kaiseradler. Titelseite: Punto del Caño im Winter.

Kein Teil dieses Buches darf auf irgendeine Weise, weder elektronisch noch mechanisch, weder für Informations- noch für Dokumentationssysteme o.ä., ohne schriftliche Erlaubnis des Autors, bei dem das Copyright liegt, reproduziert werden.

Das Buch kann bestellt werden bei:
    Cooperativa Marismas del Rocío
    Centro de Recepción, El Acebuche
    Parque Nacional de Doñana
    E-21760 MATALASCAÑAS (Huelva), Spanien

sowie direkt beim Autor und Verleger:
    Martin Jacoby
    E-11320 SAN PABLO DE BUCEITE (Cádiz), Spanien

oder bei der Übersetzerin
    Inka Wilden
    Krembzer Straße 36
    D-19205 STÖLLNITZ, Deutschland

WIDMUNG

Dieses Buch ist drei herausragenden Naturforschern gewidmet, die den Autor stark beeinflußt haben:

>Mauricio González-Gordon Díez,
>Marqués de Bonanza, der mehr als fünfzig
>Jahre eine zentrale Rolle in der Entwicklung
>des Doñana Nationalparks innehatte
>
>Betty Molesworth Allen,
>Altmeisterin der Andalusischen Botanik
>
>Dick Treleaven, Künstler und
>Wanderfalken-Experte aus Cornwall

Die Hinojos-Nelke ist nur in der Doñana und an nahegelegenen sandigen Küstenstreifen anzutreffen.

DIE DOÑANA

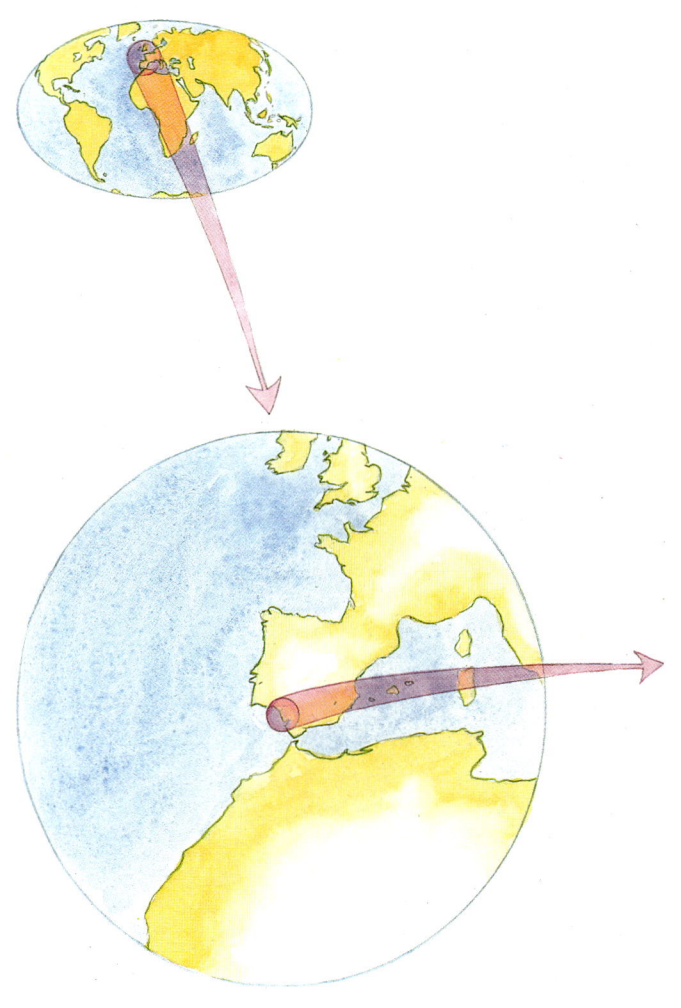

AN DER SCHWELLE ZU AFRIKA

KARTE DES DOÑANA NATIONALPARKS

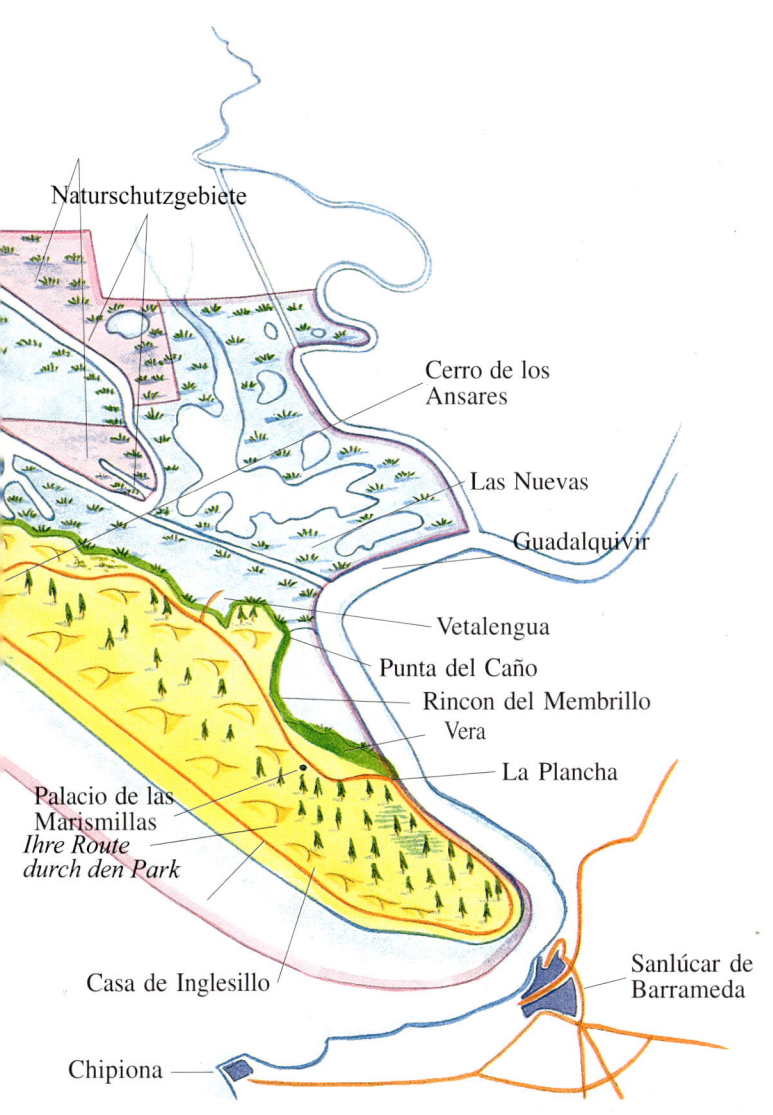

Portugiesische Schachblume im monte blanco *bei La Rocina*

INHALT

	Danksagung	2
	Widmung	3
	Die Doñana an der Schwelle zu Afrika .	4
	Karte des Doñana Nationalparks . .	6
	Inhalt	9
	Vorwort	11
	Einführung.	12
	Zur Benutzung des Buches . . .	14

Teil I: Das Umland des Nationalparks

I.1.	**Canariega Brücke,** Einführung in die Vogelbestimmung	16
I.2.	**Boca del Lobo,** Greifvögel und Hirsche .	22
I.3.	**La Rocina,** Einführung in die Botanik. .	26
I.4.	**Palacio del Acebrón,** Korkeichen und andere Pflanzen	42

Teil II: Die Tour durch den Nationalpark

II.1.	**Buchung der Tour,** Geschichte der Doñana .	60
II.2.	**Am Strand,** Geologie und Leben an der Küste	78
II.3.	**Im Wald,** Biodiversität und Greifvogelflug .	98
II.4.	**Hütten, Paläste und die Menschen der Doñana,** traditionelles Handwerk und der Pilgerort El Rocío	108
II.5.	**Marsch und Jahreszeiten,** Anpassungen von Tieren und Pflanzen. .	120
II.6.	**Dünen und Corrals,** Wanderdünen und Evolution	132
II.7.	**Acebuche,** Organisation und Aufgaben des Nationalparks	142

Teil III: Diskussion und Anhang

III.1.	**Diskussion,** Gedanken über uns und unser Handeln	145
III.2.	**Buchtips,** deutsche und englische Bestimmungsliteratur	150
III.3.	**Index,** Stichworte, Artnamen, Abbildungsnachweis	152

Der Stelzenläufer, einer der häufigsten Watvögel in der Doñana

VORWORT

von Mauricio González-Gordon Díez,
Marqués de Bonanza

Meine Familie ist mit der Doñana seit mehr als einem Jahrhundert verbunden, und ich kenne sie gut von Kindesbeinen an. Kaum ein Stück ihrer wunderbaren Landschaften habe ich über die Jahre hin nicht erwandert oder mit dem Pferd erkundet. Nur wenige ihrer Wunder durfte ich nicht selbst erfahren.

So hat es mir ausgesprochen viel Freude bereitet, Martin Jacobys Buch „A Day in Doñana" zu lesen – wie gern hätte ich es schon vor 60 Jahren gehabt, als ich in Begleitung meines Vaters zum ersten Male hier war. Von ihm lernte ich auch, die Doñana zu lieben und ihren Zauber zu schätzen.

Heutzutage, da es wegen der zunehmenden Besucherzahlen nicht mehr möglich ist, die Doñana wie damals uneingeschränkt zu erkunden, ist ein Buch wie das vorliegende notwendig, um eine solche Landschaft wirklich genießen und um all das verstehen zu können, was es hier zu entdecken gilt.

Mir selbst wird es dazu verhelfen, um – mit den Worten Marcel Prousts, wie er im letzten Kapitel zitiert wird – eine bekannte und hoch gelobte Landschaft mit neuen Augen zu betrachten.

Ich empfehle diesen Naturführer wärmstens. Ich bin mir sicher, daß er dazu beitragen wird, der Doñana mit einem tiefen Verständnis und einer großen Liebe zu begegnen.

EINFÜHRUNG

Man mag die Doñana viele Hunderte von Malen besucht haben und doch kaum zweimal gleich erleben. Unentwegt verändert sie sich, nie ist sie dieselbe.

Die große Marsch füllt sich mit Wasser und leert sich wieder, Wanderdünen verschütten auf ihrem unerbitterlichen Vormarsch einst vertraute Bäume, die, im Sand ertrunken, als holzige Skelette wieder auftauchen. Im Frühling bedecken Pflanzen den Waldboden erst mit ihrem Grün, dann mit einer schillernden, farbenfrohen Blütenpracht, die sich wenig später in der Sommerhitze zu einer braunen Matte verwandelt. Im September hört man die Rothirsche röhren. Wildschweine wühlen dann im Schilf oder durchgraben die Korkeichenwälder nach ihrem Lieblingsschmaus, den Eicheln.

Ruhelose Watvögel, die sich in der sinkenden Frühlingssonne leise zurufen, sammeln sich in kleinen Trupps und fliegen davon in die aufkommende Finsternis. Dunkelheit legt sich über dieses Bild. Die Morgendämmerung und der sich auflösende Nebel enthüllen daraus ein Gemälde schlafender Löffler, Flamingos, Säbelschnäbler und Stelzenläufer. Reglos warten sie auf die wärmende Sonne, um ihrer endlosen Suche nach Futter nachzugehen. Graue Wolken fliegender Vögel erinnern an Nebelschwaden, weiß aufblitzend bei jeder Wendung: Ein Wanderfalke jagt über die Marsch und veranlaßt Bläßrallen dazu, sich in Panik klatschend ins Wasser zu flüchten. Von lärmenden Rufen begleitet, künden Gänse im tiefblauen Herbsthimmel in Keilschrift den Oktober an.

Dann gehen sie spiralförmig nieder in ihr Winterquartier, um sich dort in dichten Scharen mit ihrem Triumphgeschrei zu begrüßen.

Dies sind nur einige der vielen tausend Erinnerungen, die Sie, so hoffe ich, bald mit mir teilen werden.

Kommen Sie nicht nur in die Doñana, um Vögel zu beobachten oder wegen der großen Pilgerfahrt zu Pfingsten, zu der sich mehr als eine Million Menschen auf den sandigen Straßen um El Rocío drängen. Denn es gibt weitaus mehr Gründe: die Wanderdünen, der weite Himmel über einer schier endlosen Marschlandschaft, eine faszinierende Vogelwelt, einzigartige Säugetiere und viele seltene Pflanzenarten. Kommen Sie, um El Rocío zu sehen, den *flamenco*, den *cante jondo* und all die uralten Rituale der Doñana, ihre Geschichte und ihre Menschen, die hier zu leben scheinen, seitdem *Homo sapiens* Afrika verlassen hat. Finden Sie sich ein, um das Ganze zu erleben: dieses kostbare, vollkommene Lebensnetz, zu dem wir Menschen gehören.

Besuchen Sie die Doñana wegen ihrer tausend Facetten, jede abhängig von den anderen und alle abhängig von einer einzigen. Verschwindet auch nur ein kleines Element aus diesem Gefüge, ist die Doñana ärmer, ebenso wie wir und die gesamte Welt.

Martin Jacoby
San Pablo de Buceite
November 1999

ZUR BENUTZUNG DES BUCHES

Ein Tag in der Doñana führt Sie ein in die Welt der Tiere, Pflanzen und Menschen, die im Doñana Nationalpark und in dessen Nähe leben, und es enthält Ausführungen zur Naturgeschichte – einer Möglichkeit, die Welt zu betrachten, so, wie es Naturkundler (naturalists) tun. Sie führen keine Experimente durch, beobachten lediglich, sind neugierig und dabei immer bedacht, so wenig wie möglich in die natürlichen Abläufe einzugreifen. Und Neugier besteht zum einen darin, sich an dem zu erfreuen, was man sieht. Zum anderen heißt es, Fragen zu stellen. Gewöhnlich lautet die erste Frage: „Was ist das?" Die Antwort darauf ist ein Name. Doch ein Name ist mehr als das Etikett auf einem Bündel Wissen. Nur mit Hilfe des korrekten Namens gelangt man zu weiteren, schon vorhandenen Informationen oder kann man diese ergänzen. Obwohl in vorliegendem Buch Abbildungen und Namen zahlreicher Pflanzen und Tiere enthalten sind, ist es kein reines Bestimmungsbuch. Gute Bücher dieser Art sind in deutscher und englischer Sprache erhältlich (siehe Seite 151).

Neben dem fortlaufenden Text enthält das Buch auch einige Erläuterungen, die in Kästchen vom Haupttext abgesetzt sind. Diese können Sie überspringen, ohne den Faden zu verlieren. Es sind Randbemerkungen, grundlegende oder allgemeine Informationen einschließlich einiger strittiger Fragen aus dem Gebiet der Naturgeschichte.

Ungeachtet seines Titels beschreibt das Buch zwei Tagestouren: Eine führt Sie in das Umland, die andere in das Innere des Nationalparks. Sollten Sie wirklich nur einen Tag Zeit haben, so wählen Sie aus allem das, was Sie am meisten interessiert.

Wenn Sie am Ende Ihres Ausfluges etwas von den komplizierten und empfindlichen Beziehungen im Lebensnetz der Doñana, ihrer Geologie und ihres Klimas, ihrer Menschen, Tiere und Pflanzen, erfaßt haben, wenn ich Sie für all die wunderbaren Dinge begeistern konnte, dann hat mein Buch seinen Sinn erfüllt.

Die Kirche zur Heiligen Jungfrau des Taus in El Rocío

In den einzelnen Kapiteln werden Pflanzen und Tiere nur mit ihrem deutschen Artnamen genannt. Ausnahmen bilden einige wenige Arten, für die es keinen deutschen Namen gibt. Im *Index* finden Sie dann sowohl den deutschen als auch den wissenschaftlichen Namen aller im Buch genannten Arten.

I.1. CANARIEGA BRÜCKE

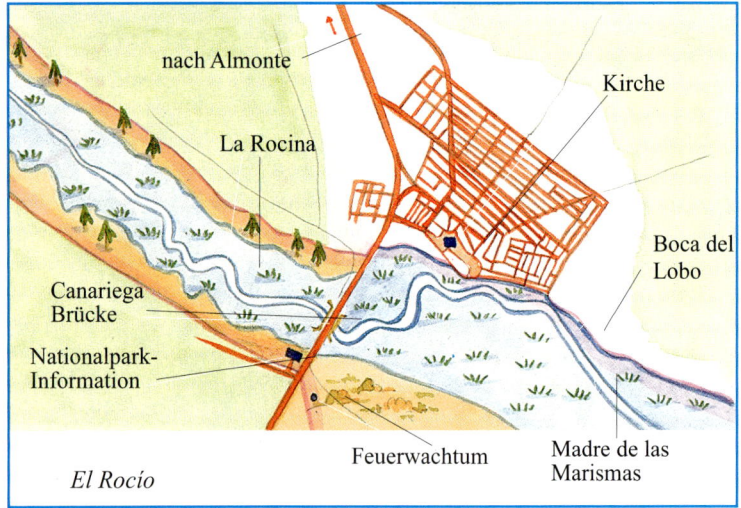

El Rocío

Lange bevor der Nationalpark gegründet wurde, war die Canariega Brücke unter den Ornithologen, den Vogelkundlern, gut bekannt. Hier können Sie noch immer gut mit ihrer Reise und auch mit der Vogelbeobachtung beginnen. Besonders eignen sich dafür die Abendstunden, wenn man

Blick von der Canariega Brücke

die Sonne im Rücken hat. Links von Ihnen sehen Sie das Dorf El Rocío mit seiner beeindruckenden Kirche zur Heiligen Jungfrau des Taus (zur Geschichte der Kirche und des Dorfes siehe Seite 118). Rechterhand, jenseits der Marsch, steigt das Land etwas an und ist mit Pinien und Eukalyptus bewachsen. An diesem Waldsaum kann man sich recht gut in der Weite orientieren.

Die Mutter der Marsch

Direkt gegenüber beginnt die Doñana mit ihren 270 km² Marschland, das sich auf einer Länge von 35 km in Richtung Guadalquivir-Mündung erstreckt. Die nähere Umgebung wird La Marisma del Rocío genannt. Während sie im Winter gewöhnlich überflutet ist, schwindet in der Sommerdürre alles Wasser. Dann erkennt man den kleinen Flußlauf, La Madre de las Marismas („Die Mutter der Marsch"). Er speist jenseits des Zaunes in einiger Entfernung die große Marsch mit Wasser. Weichen im Frühjahr die Wassermassen, ergrünt das Marschland: Gräser, Schilf und Seggen wachsen üppig und bieten dem Weidevieh reichlich Nahrung. Die vielen Pferde und Rinder, die auf dem Marschland grasen, gehören den Menschen, die in El Rocío, Almonte und der weiteren Umgebung leben. Jedes erwachsene Tier trägt das Brandzeichen seines Besitzers.

Durch das weidende Vieh bleibt das Marschland eine offene Landschaft, weil eine Bewaldung mit Weiden und anderen feuchtigkeitsliebenden Bäumen verhindert wird.

La Marisma del Rocío — Wald

Der Dung der weidenden Tiere bringt Nährstoffe in die Marsch ein und fördert damit das Wachstum kleinster Wassertiere. Diese werden von den Wasservögeln gefressen, die ihrerseits Beute z.B. für Greifvögel sind.

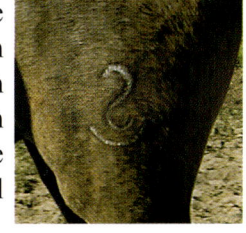
Brandzeichen an der Hinterhand eines Pferdes

Einstieg in die Vogelbeobachtung

Sie können sich die Vogelbestimmung etwas erleichtern, wenn Sie einige Hinweise beachten:
- nutzen Sie ein Fernglas und einen Feldführer
- stellen Sie die richtigen Fragen in der richtigen Reihenfolge
- erfragen Sie, welche Arten am häufigsten und am wahrscheinlichsten zu beobachten sind und
- beginnen Sie mit der Bestimmung der auffälligsten und häufigsten Arten.

Hier an der Canariega Brücke kann man hauptsächlich Wasservögel sehen – beginnen Sie mit diesen. Da selbst bei gutem Licht Details in der Färbung, den Beinen oder des Schnabels aus einiger Entfernung recht schwierig zu erkennen sind, ist es viel leichter, sich am Verhalten des Vogels zu orientieren. Leiten Sie daraus Ihre ersten Fragen ab: Wie bewegt sich der Vogel?

Fliegt er über das Wasser und berührt es nur kurz, oder taucht er unter wie eine Seeschwalbe? Dies ist eine Weißbartseeschwalbe.

Schwimmt er wie eine Ente, ein Taucher oder eine Ralle? Dies sind Kolbenenten, links der Erpel, rechts die Ente.

Die richtigen Fragen stellen

Läuft oder rennt er wie ein Regenpfeifer am Spülsaum entlang? Dies ist ein Flußregenpfeifer.

Watet er im Wasser wie andere langbeinige Wasservögel? Dies ist ein Stelzenläufer.

Als nächstes folgen Fragen zum Futterverhalten. Schauen wir uns einen Vogel an, der im Wasser steht oder watet.

Steht der Vogel still und stößt dann zu wie ein Reiher? Dies ist ein Seidenreiher.

Vögel auf dem Marschland bei El Rocío

Zieht er seinen Schnabel durch das Wasser hin und her wie ein Löffler oder Säbelschnäbler? Hier sehen Sie einen Löffler.

Steckt der Vogel seinen Schnabel, manchmal auch seinen ganzen Kopf, in das Wasser wie andere Watvögel? Dies ist eine Uferschnepfe.

Vögel der Marsch bei El Rocío
  (jeweils geordnet nach abnehmender Größe):
Enten & Gänse: Graugans, Kolbenente, Stockente, Spießente, Löffelente, Pfeifente, Krickente *(Enten sind schwer zu bestimmen. Beginnen Sie deshalb mit den Erpeln: Welche haben braune, welche grüne Köpfe?)*
Schwarze Vögel: Kormoran, Bläßralle
Langbeinige Vögel: *Weißes, gescheckstes oder graues Federkleid*: Flamingo, Weißstorch, Graureiher, Löffler, Seidenreiher, Kuhreiher, Säbelschnäbler, Stelzenläufer
  Bräunliches Federkleid: Großer Brachvogel, Uferschnepfe, Grünschenkel, Dunkelwasserläufer, Kiebitz, Kiebitzregenpfeifer, Rotschenkel, Goldregenpfeifer, Kampfläufer, Bekassine, Sanderling, Flußuferläufer, Sandregenpfeifer, Alpenstrandläufer, Flußregenpfeifer, Zwergstrandläufer
Möwen & Seeschwalben: Weißkopfmöwe, Heringsmöwe, Lachseeschwalbe, Lachmöwe, Weißbartseeschwalbe, Trauerseeschwalbe
Greifvögel: Gänsegeier, Rotmilan, Schwarzmilan, Rohrweihe, Wanderfalke
Singvögel: Dohle, Brachschwalbe, Star, Einfarbstar, Gebirgsstelze, Bachstelze, Schafstelze, Haubenlerche, Wiesenpieper, Hausrotschwanz, Haussperling

Fischotter und Krebse

Bevor man die Brücke verläßt, lohnt es sich, die Steine unten am Damm nach Otterkot abzusuchen, denn der Fischotter lebt hier. Dieses große, fischfressende Säugetier erreicht eine Körperlänge von gut 1 m, manche Exemplare auch 1,50 m einschließlich ihres dicken, etwa 50 cm langen Schwanzes. Fischotter sind stark territoriale Tiere. Sie markieren die von ihnen beanspruchte Umgebung mittels duftstoffhaltiger Marken. Entdecken Sie Kot auf einem Stein, der Reste von Fischschuppen und Krebsschalen enthält, dann wird es sicher Otterkot sein.

Fischotter

Otterkot und -spuren. Der breite, fünfzehige Abdruck mit den sehr kurzen Krallen läßt sich von der vierzehigen Spur eines Hundes und von der eines Mungos mit seinen langen Krallen gut unterscheiden.

Um Restaurants mit Krebsen zu beliefern, kam im Jahre 1974 ein Farmer auf die Idee, nördlich des Parks etwa 200 kg Amerikanische Flußkrebse auszusetzen. Nur sechs Jahre später wurden 700 t dieser Krebsart in den Wassern der Marsch gefangen. Die explosionsartige Populationszunahme dieser gefräßigen Allesfresser hatte zur Folge, daß der Bestand der im Wasser lebenden Kleinstlebewesen, der bedeutendsten Nahrungsgrundlage für viele Vogelarten, drastisch abnahm.

Amerikanischer Flußkrebs, der zum Fotografieren aus dem Wasser geholt wurde.

I.2. BOCA DEL LOBO

Blick von Boca del Lobo über die Marsch bei El Rocío

Insbesondere der frühe Morgen, mit der Sonne im Rücken, ist eine gute Zeit, um am Boca del Lobo („Wolfsmaul") Vögel zu beobachten. Hierher kommt man, in dem man einfach dem Rand der Marsch in Richtung Osten folgt.

Das flache, weiße Gebäude zu Ihrer Linken neben dem Mast ist das städtische Klärwerk. Bei entsprechender Windrichtung erkennt man es am Geruch. Das von dort stammende Abwasser ist reich an mineralischen Salzen und damit reich an Nährstoffen für die mikroskopisch kleinen Wasserpflanzen, von denen sich die kleineren Wassertiere ernähren. Diese wiederum werden von den Vögeln der Marsch verspeist - der Grund, warum sich bei ausreichendem Wasserstand so viele hier versammeln.

Gegenüber vom Boca del Lobo, auf der anderen Seite der Marsch, sehen Sie einen Wald, an dessen Rand ein kleines Haus steht, das Casa de Hato Villa („Hirtenhaus") genannt wird. Auf einem großen Baum rechts daneben nisten manchmal Spanische Kaiseradler, eine der seltensten Greifvogelarten der Welt. Wenn man großes Glück hat, kann man einen über der Marsch oder über dem Wald segeln sehen. Von den insgesamt etwa 150 Paaren, die auf der Iberischen Halbinsel gezählt wurden, brüteten in der Doñana 1997 sechs und 1998 acht Paare. 1999 nisteten neun Paare, doch kein Jungtier flog aus. Im Jahre 2000 waren es wieder sechs brütende Paare und sieben Jungvögel, die ausflogen.

Greifvögel

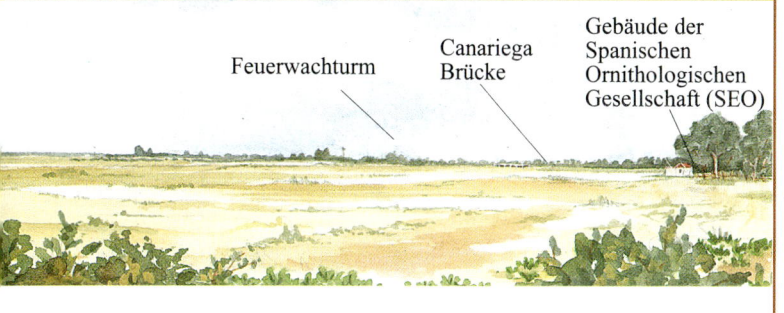

Feuerwachturm — Canariega Brücke — Gebäude der Spanischen Ornithologischen Gesellschaft (SEO)

Wollen Sie Greifvögel bestimmen, gehen Sie ähnlich vor wie bei den Wasservögeln – stellen Sie die richtigen Fragen!

Als erstes: Wie groß ist der Vogel? Ist es ein kleinerer Vogel relativ nahe oder ein großer etwas weiter entfernt? Am günstigsten ist es, sich nach der Geschwindigkeit der Flügelbewegungen und Wendungen zu richten. Größere Arten bewegen sich deutlich langsamer als kleinere: Sowohl ihre Flügelschläge als auch ihre Wendemanöver erscheinen schwerfälliger. Einige der Greifvögel, die man möglicherweise über der Marsch beobachten kann, sind auf dieser Seite unten etwa im gleichen Maßstab abgebildet.

Schwarzmilan, *Schlangenadler*, *Rotmilan*, *Gänsegeier*, *Turmfalke*, *Zwergadler*, *Spanischer Kaiseradler*

Hirsche

Weiter zu Ihrer Linken werden Sie nun wahrscheinlich Hirsche sehen – große Säugetiere, die ausnahmsweise keine Hausrinder oder Pferde sind! Hier in der Doñana gibt es zwei Arten recht häufig: das Rot- und das Damwild. Das größere Rotwild hat ein gelblich-oranges Hinterteil. Dieser „Spiegel" ist beim Damwild weiß und hat schwarze Ränder. Bei beiden Arten haben nur die männlichen Tiere ein Geweih: das des Rothirsches ist tief verzweigt und rund, das des Damhirsches ist schaufelförmig und flach.

Rothirsch *Damhirsch*

Hirsche

Männliches Rot- und Damwild wird *Hirsch*, das weibliche *Tier* oder *Kuh* und das Jungtier *Kalb* genannt. Die Rothirsch-Brunft erfolgt im September. Dann schart der Hirsch ein Rudel Hirschkühe um sich und signalisiert mit seinem Röhren den anderen Hirschen, wo und wie fit er ist. Die Brunft des Damwildes erfolgt im Oktober.

Hirsche werfen ihr Geweih im Frühjahr ab. Danach wächst ein neues, das während des Wachstums noch von einer samtigen Hülle, dem Bast, umgeben ist. In den ersten zwölf Lebensjahren wird das Hirschgeweih in der Regel um je eine Geweihspitze größer, später nimmt die Anzahl der Enden wieder ab. Sollten Sie im Park ein abgeworfenes Geweih finden, so nehmen Sie es bitte nicht als Trophäe mit, sondern lassen Sie es für die anderen Besucher liegen. Außerdem dient es den Hirschen selbst, die daran knabbern: Die Geweihsubstanz enthält sehr viel Kalzium, dem wichtigsten Stoff, um Knochen und auch ein neues Geweih aufzubauen – und Kalzium ist ein seltenes Element im sandigen Boden des Parks.

Sociedad Española de Ornitología

Damhirsch im Bast

Das kleine Gebäude am östlichen Ende der langen Promenade, die an der Marsch entlang führt, gehört zur SEO (Sociedad Española de Ornitología), der Spanischen Ornithologischen Gesellschaft. Doch auch ohne ein Ornithologe zu sein, ist es wegen einer kleinen Ausstellung, eines Ladens und eines exzellenten Blickes über das Marschland einen Besuch wert. Meist ist auch jemand dort, der zumindest Englisch spricht.

Die prächtige Paseo Marismeño („Marsch-Promenade") zwischen dem Dorf und der Marsch spielt auch im gesellschaftlichen Leben von El Rocío eine bedeutende Rolle.

Abgeworfenes Rothirsch-Geweih: Beachten Sie die angenagten Enden.

I.3. LA ROCINA

Fährt man von El Rocío in Richtung Nationalpark, überquert man kurz nach dem Ort die Canariega Brücke. Rechts der Brücke heißt der Fluß La Rocina. Er speist die La Madre de las Marismas, die links der Brücke liegen. Biegen Sie nach etwa 100 m rechts in Richtung Westen ab. Dort finden Sie einen Parkplatz und im Gebäude rechterhand ein kleines Nationalparkbüro, in dem Sie sich eine Bild- und Ton-Show über den Nationalpark anschauen können. Auch Toiletten gibt es hier. Um zu den hiesigen Beobachtungsständen mit Blick über La Rocina zu gelangen, halten Sie sich gleich links, wenn Sie aus dem Gebäude treten, und folgen dem Steg. Er führt vorbei an einer Hütte rechts des Weges, die im traditionellen Stil gestaltet ist.

Beobachtungsstand El Paraguas

Blick vom ersten Versteck auf La Rocina

Von hier geht es durch den Schirmpinienwald zum ersten Beobachtungsstand. Natürlich ist der frühe Morgen wieder die beste Beobachtungszeit. Wenn die Sonne aufgeht, beginnen die Vögel mit der Nahrungssuche. Als erstes sollten Sie die Schilfgürtel gründlich nach einer von La Rocinas größten Besonderheiten absuchen: „Ein marineblaues Huhn!", so der überraschte Ausruf einer Besucherin – die Purpurralle. Sie sieht aus wie eine riesige, tiefblaue Bläßralle mit scharlachrotem Schnabel und Beinen und einer weißen Schwanzunterseite. Vielleicht können Sie beobachten, wie

Purpurralle

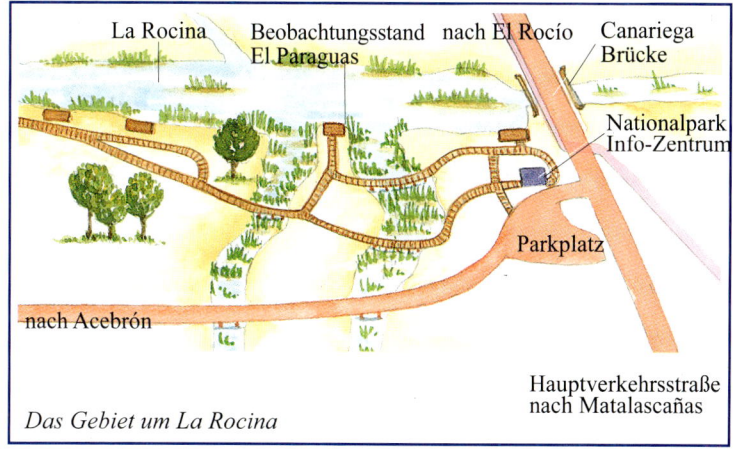

Das Gebiet um La Rocina

sie die weiche, weiße Basis der Schilfhalme aus dem Wasser zieht, um sie dann, mit einem Fuß haltend, mit ihrem starken Schnabel geräuschvoll zu zerkleinern.

Purpurralle

Vögel um La Rocina

> **Vögel, die Sie hier beobachten können**
> (jeweils geordnet nach abnehmender Körpergröße):
> **Reiher:** Graureiher, Purpurreiher, Seidenreiher, Kuhreiher, Rallenreiher, Zwergdommel
> **Greifvögel:** Schwarzmilan, Rotmilan, Rohrweihe, Zwergadler
> **Enten:** Kolbenente, Stockente, Spießente, Löffelente, Schnatterente, Tafelente, Knäkente, Krickente
> **Watvögel:** Löffler, Stelzenläufer, Rotschenkel, Bekassine, Flußuferläufer
> **Rallen:** Purpurralle, Bläßralle, Teichralle, Wasserralle
> **Taucher:** Haubentaucher, Zwergtaucher
> **Seeschwalben:** Lachseeschwalbe, Weißbartseeschwalbe, Trauerseeschwalbe
> **Kleine Singvögel im Schilf:** Drosselrohrsänger, Eisvogel, Rohrschwirl, Teichrohrsänger

Der Plankenweg folgt dem Wasserlauf, ein Abzweig nach links führt zurück zum Parkplatz. Gehen Sie geradeaus über einen Steg, der einen Ausläufer der Marsch überbrückt.

Der erste Fußweg

Blauelstern

Während des Sommers halten sich in den Büschen vor allem Nachtigall, Mönchsgrasmücke, Samtkopfgrasmücke, Seidensänger, Schilfrohrsänger, Zilpzalp und Fitis auf. Nachtigall, Fitis und Schilfrohrsänger ziehen dann nach Afrika, um dort den Winter zu verbringen. Die anderen Arten bleiben hier. Zu ihnen gesellen sich Rotkehlchen und Singdrossel. Weiter oben in den Bäumen finden sich häufig Blaumeise, Kohlmeise, Schwanzmeise, Sommergoldhähnchen, Mönchsgrasmücke und Gartenbaumläufer ein, zu denen sich manchmal auch Blauelstern gesellen.

Blauelstern

Blauelstern sind gewöhnlich in Gruppen von einer oder mehreren Familien anzutreffen, die zu einer Brutkolonie gehören. Nichtbrütende Tiere helfen dem Brutpaar beim Nestbau und bei der Fütterung der Jungvögel. Die Beobachtung dieses Verhaltens bei einer anderen Vogelart lieferte den Forschungsansatz für wissenschaftliche Studien zum Thema *Altruismus*.

Die größte Population von Blauelstern lebt in China. Zwischen China und der Iberischen Halbinsel kommt diese Art nicht vor. Ob die iberische der Rest einer einst flächendeckenden eurasischen Population ist, oder ob sie vor langer Zeit als Ziervogel aus China eingeführt wurde, ist nicht bekannt.

Artkennzeichen

Wenn Sie den Plankenweg an der Gabelung verlassen, halten Sie sich rechts. Dieser Weg führt zum Aussichtspunkt El Paraguas („Der Schirm"), der 1996 rekonstruiert wurde. Dort gibt es seitdem auch tiefer gelegene Fenster für Kinder. Schauen Sie zuerst auf Zaunpfähle; oft sitzen hier Vögel „auf Warte". Im Sommer ist der monotone Gesang des Rohrschwirls oft gut zu hören. Der Vogel selbst ist aber nur schwer zu entdecken, obwohl er gewöhnlich weit oben auf einer Schilfspitze sitzt. Er schwenkt während des Singens seinen Kopf hin und her, deshalb scheint sein Gesang an- und abzuschwellen.

Wenn man Glück hat, kann man hier gut ähnliche Vogelarten paarweise vergleichen: Bläß- und Teichralle, Grau- und Purpurreiher, Seiden- und Kuhreiher, Tafel- und Kolbenente sowie Stock- und Schnatterente. Das paarweise Bestimmen von Arten bringt mit sich, daß man sich auf die wesentlichen, unterscheidenden Kriterien konzentrieren muß, um beide Arten auseinanderzuhalten. Sind Sie mit Ihren Bestimmungskünsten an diesem Punkt angelangt, so können Sie sich Tabellen anlegen, auf deren Grundlage zwei ähnliche Arten leicht zu unterscheiden sind. Zum Beispiel:

Kennzeichen/**Art**	**Seidenreiher**	**Kuhreiher**
Schnabel	schwarz	gelblich
Beine	schwarz mit gelben Füßen	gelblich
Lebensraum	im Wasser oder in dessen Nähe	auf dem Land, häufig in der Nähe großer Tiere

Ähnliche Vogelarten

Kennzeichen / Art	Sand-regenpfeifer	Fluß-regenpfeifer	See-regenpfeifer
Halsband	komplett	komplett	unterbrochen
Beine	hell	hell	dunkel
Flügelstreifen im Flug	sichtbar	ohne	schwach
Gelber Augenring	ohne	vorhanden	ine

Sandregenpfeifer

Flußregenpfeifer

Seeregenpfeifer

Seidenreiher

Kuhreiher

Vegetation

Zurück auf dem Steg halten Sie sich zweimal rechts, um auf einen weiteren Pfad über das Ried zu gelangen. Kurz nach dem Ende dieses Weges verändert sich die Umgebung drastisch. Auf heißem, trockenem Sand finden Sie nun völlig andere Pflanzengesellschaften als bisher. Viele dieser Pflanzen duften stark. Direkt Ihnen gegenüber sehen Sie eine große Fläche, die mit der graublättrigen Gelben Zistrose (*Halimium halimifolium;* Spanisch: *jaguarzo*) bewachsen ist.

> **Monte**
> Ein mit niedrigen Büschen bestandenes Gebiet wird allgemein als *monte bajo* („niedriger Busch") bezeichnet. Die Vegetationsform *monte blanco* („weißer Busch") erhielt ihren Namen durch das helle Laub der Gelben Zistrose, die hier vorherrscht. *Monte blanco* entwickelt sich in höher gelegenem, trockenerem Gelände. Außer Zistrosen wachsen hier Schopflavendel, Dreistachliger Ginster, Thymian und Rosmarin. Im Gegensatz dazu hat *monte negro* („schwarzer Busch") ein dunkleres Erscheinungsbild und ist eher auf feuchterem Boden zu finden. Hier dominieren Heidearten neben Stechginster und Mittelmeer-Seidelbast.

Die meisten Bäume sind junge Schirmpinien. Beachten Sie deren Keimlinge unter den Büschen der Gelben Zistrose. Sich selbst überlassen, würde sich dieser Lebensraum bald zu einem Pinienwald entwickeln; eine solche „Klimaxvegetation" besteht aus der für einen Standort typischen, endgültigen Pflanzengesellschaft, die das Gebiet nach einem Zusammenbruch besiedelt. Hauptursache für einen Vegetationszusammenbruch war hier meist das Feuer. Durch das Nationalpark-Management werden nunmehr Feuer so weit es geht verhindert, was hilft, die Vielfalt an Lebensräumen in der Doñana zu erhalten.

Die Heimat der Schirmpinie ist Andalusien. Sie benötigt sandigen Boden und ist eine ausgesprochen nutzbringende Pflanze: Sie bietet Schatten, gutes Holz und die schmackhaften Pinienkerne. Letztere stecken, in sehr harten Schalen verpackt, in den großen Zapfen – daher auch der andere Name für diesem Baum: Steinpinie.

Schirmpinien und Gelbe Zistrose

Monte blanco mit blühenden Gelben Zistrosen und Schirmpinien

Früher wurde die harte Schale der „Nüsse" in Handarbeit geknackt, doch das ist Schwerstarbeit. Da aber das Sammeln der Kerne auch heute noch ein wichtiger Teil der lokalen Industrie ist, wird diese Arbeit nunmehr von Maschinen erledigt (siehe Seite 112).

Ein Zapfen der Schirmpinie mit den dunklen „Nüssen"

Frühlingsblumen

Geflecktes Sandröschen

Cistus libanotis

Stechende Grasnelke

Monelli-Gauchheil

Schopflavendel

Ruten-Leinkraut

Einige botanische Grundlagen

Großblütiger Geißklee

Weißer Affodil

Ähnlich wie bei der Vogelbestimmung ist es auch bei der Bestimmung von Pflanzenarten nützlich, die richtigen Fragen in der richtigen Reihenfolge zu stellen und zu wissen, welche Arten häufig und auffällig sind. Anstelle des Fernglases sollte man, wenn möglich, eine mindestens zehnfach vergrößernde Lupe nutzen. Haben Sie keine dabei, dann drehen Sie Ihr Fernglas einfach um. Halten Sie dann die Pflanze nahe an das Okular, und Sie werden feststellen, daß dies ein recht gutes Vergrößerungsglas ist.

Als nächstes einige Grundlagen aus der Botanik. Alle Pflanzen lassen sich in zwei Kategorien einteilen: Die einen haben Blüten, die anderen nicht. Zu den auffälligsten nichtblühenden Pflanzen der Doñana gehören Schirmpinie und Wacholder, die anstelle der Blüten Zapfen haben, und Farne, wie beispielsweise Adler-, Königs- und Sumpffarn, die anstelle der Blüten Sporenbehälter auf ihren Blattwedeln haben. Zu den Blütenpflanzen gehören Gräser, Schilf, Kräuter und die meisten Bäume, auch wenn deren Blüten oft keine bunten Blütenblätter haben.

Blüten unter der Lupe

Blütenpflanzen werden nach ihrer Blütenstruktur klassifiziert. Die Blüte ist demnach das erste, das man sich genauer anschauen muß. Generell besteht diese aus vier Teilen, auch wenn einige Arten während ihres Wachstums das ein oder andere Merkmal verlieren. Am besten ist es, wenn Sie sich eine einfache, Ihnen bekannte Blüte unter der Lupe ganz genau betrachten. Von außen nach innen erkennen Sie:

- *Kelchblätter*: Sie sind grün und laubblattähnlich und schützen die Knospe. Bei manchen Arten fallen sie ab, sobald sich die Knospe öffnet, bei anderen sind sie zu einer Röhre verwachsen. Bei einigen wenigen sind sie zu einem Haarbüschel reduziert, wie zum Beispiel bei der Distel („Distelwolle").
- *Blütenblätter*: Sie sind meist groß, flach und farbig und sollen Insekten anlocken. Gewöhnlich fallen sie ab, nachdem das Insekt die Blüte bestäubt hat.
- *Staubblätter*: Das sind die männlichen Blütenteile. Sie bilden den nächsten inneren Ring aus den Pollenbeuteln, die von feinen Stengeln getragen werden. Sind keine Staubblätter vorhanden, sind es weibliche Blüten.
- *Fruchtblätter*: Das sind die weiblichen Blütenteile. Sie bilden den innersten Teil der Blüte und können miteinander verwachsen sein. Jedes Fruchtblatt hat eine klebrige Narbe, die den Pollen aufnimmt, und einen manchmal recht kurzen Griffel, der die Narbe trägt. Dieser geht am Blütengrund in einen Fruchtknoten über, in dem nach der Bestäubung die Frucht und darin der Samen wächst. Sind keine Fruchtblätter vorhanden, sind es männliche Blüten.

Gewöhnlich hat jede Blüte drei, vier, fünf, sechs oder sehr viele Exemplare eines jeden der hier beschriebenen Blütenteile. Die Anzahl der Blütenteile ist wiederum ein wesentliches Kriterium, um die Pflanze zu identifizieren: Sind es drei oder sechs? Oder sind es vier oder fünf? Die meisten Pflanzen mit je drei Blütenteilen (oder einem Vielfachen davon)

Ein- und zweikeimblättrige Pflanzen

haben schmale Laubblätter mit parallel verlaufenden Blattnerven. Die Stengel dieser *einkeimblättrigen* Pflanzen sind selten holzig. Die meisten Pflanzen mit je vier oder fünf Blütenteilen haben breitere Laubblätter. Sie werden als *zweikeimblättrig* bezeichnet. Ihre Blattnerven sind netzartig ausgebildet und die Stengel häufig verholzt.

Folgende Tabelle faßt diese Einteilung zusammen:

	einkeimblättrige Pflanzen	**zweikeimblättrige Pflanzen**
Anzahl der Blütenteile	drei oder sechs	vier, fünf oder viele
Laubblätter	schmal	breiter
Blattnerven	parallel	vernetzt
Beispiele für verholzte Pflanzen	Bambus, Drachenbaum	die meisten Büsche und breitblättrigen Bäume
Beispiele für nicht verholzte Pflanzen	Narzissen, Lilien, Iris, Aronstab, Orchideen, Aloe, Gräser, Seggen, Binsen	die meisten anderen Pflanzen

Als nächstes ist es wichtig zu beurteilen, ob Blütenteile miteinander verwachsen sind. Bilden die Blütenblätter der Länge nach ganz oder teilweise eine Röhre wie bei Winde, Heidekraut, Minze, Thymian, Primel, Fingerhut, Geißblatt usw.? Oder sind sie alle einzeln wie bei Hahnenfuß, Malve, Mohn, Kohl, Storchschnabel usw.? Wie sehen die Kelchblätter aus?

Blütensymmetrie

Die Symmetrie einer Blüte ist ein weiteres wichtiges Bestimmungsmerkmal. Ist die Blüte durch einen Schnitt in der Mitte in zwei gleiche Hälften zu teilen? Gibt es ein Vorn und ein Hinten, ein Oben und ein Unten? Ist die Blüte also bilateralsymmetrisch wie wir Menschen (Abb. links)? Oder ist die Blüte radialsymmetrisch wie ein Rad (Abb. rechts)?

Viele Blüten, wie z.B. die der Flockenblumen, Zistrosen und Nelken, haben einen radiärsymmetrischen Aufbau. Nicht so die Blüten von Fingerhut, Minze, Thymian, Erbse, Veilchen und Reiherschnabel – diese sind bilateralsymmetrisch aufgebaut.

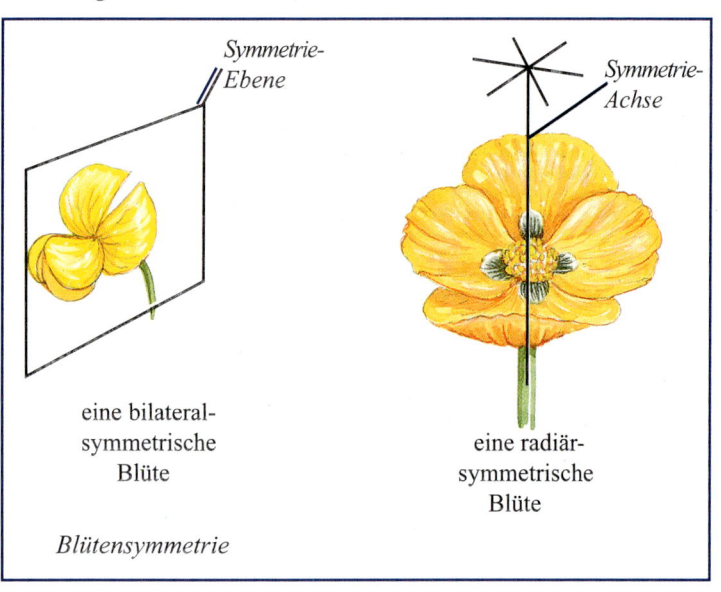

Symmetrie-Ebene

Symmetrie-Achse

eine bilateral-symmetrische Blüte

eine radiär-symmetrische Blüte

Blütensymmetrie

Mit etwas Übung werden Sie feststellen, daß alle diese Merkmale in verschiedenen Kombinationen auftreten können. So ist es möglich, Pflanzen aufgrund dessen in Familien einzuteilen. Beachten Sie, wie sich die Pflanzen innerhalb einer Familie gleichen. Zum Beispiel:

Pflanzenfamilien

Zistrosengewächse: Gelbe Zistrose, Salbeiblättrige Zistrose, Geflecktes Sandröschen, Sonnenröschen

Kreuzblütengewächse: Meerviole, Barrelier-Senf, Hederich

Nelkengewächse: Hinojos-Nelke, Sand-Lichtnelke

Schmetterlingsblütengewächse: Sumpf-Platterbse, Großblütiger Geißklee, Portugiesischer Tragant, Klee

Heidekrautgewächse: Wimper-Heide, Erdbeerbaum

Lippenblütgewächse: Schopflavendel, Rundköpfiger Thymian, Rosmarin

Korbblütengewächse: *Arctotheca*, Kugelkopf-Flockenblume, Kronen-Wucherblume (Beachten Sie in dieser Familie, daß die Blütenköpfe aus vielen kleinen Einzelblüten zusammengesetzt sind.)

Liliengewächse: Portugiesische Schachblume, Schopf-Traubenhyazinthe

Knabenkrautgewächse: Dingel, Zungenstendel

Sie werden so recht schnell eine Vorstellung über die charakteristischen Merkmale jeder Familie bekommen. Dadurch sind Sie in der Lage, jede Pflanze auf einen Blick einer der Familien zuzuordnen. Der Rest ist dann eine Frage der Zeit und Übung.

Buchtip:
Ingrid und Peter Schönfelder: Die Kosmos-Mittelmeerflora. Über 500 Mittelmeerpflanzen. Farbfotos und Zeichnungen, Kosmos Naturführer, 3. Auflage 1999, Franckh-Kosmos Verlag

Spuren im Sand

Weiter geht es zu den nächsten beiden Beobachtungsständen, von denen man den oberen Teil von La Rocina und vielleicht auch andere Vogelarten sehen kann. Biegen Sie am Ende des Steges rechts ein, um zurück zur Rezeption und zum Parkplatz zu gelangen.

Hier könnten Sie Tierspuren im Sand entdecken, denn dieser Pfad ist durch die nahen Büsche gut gegen Wind geschützt. Recht schnell werden Sie Kaninchenspuren entdecken: die beiden nebeneinanderliegenden und größeren der Hinterläufe vor den beiden kleineren der Vorderläufe, meist einer hinter dem anderen. Kaninchen und Hasen haben nur eine Gangart: den Galopp („hoppel-di-hopp"). Der Fuchs hinterläßt mit seinen ovalen, vierzehigen Pfoten seine Fährte in einer Linie, die des Dachses mit seinen breiten, fünfzehigen Pfoten und den langen Krallen verläuft eher gespreizt. Nahtähnliche Spuren werden meist von Käfern hinterlassen. Sicher haben Sie schon einmal gesehen, wie eine solche „Sandnaht" entsteht. Beachten Sie die Mittellinie, die der Käfer dabei häufig mit seinem Körper zieht – ähnlich wie bei der Doppelspur einer Schildkröte. Viel größere Spuren als die der Käfer hinterlassen die nach außen gespreizten Füße des Europäischen Fransenfingers, dessen Schwanz im Sand eine auffällige Linie zeichnet.

Scarites, *ein Laufkäfer*

Europäischer Fransenfinger

Bienenfresser

Vom Parkplatz am Informationszentrum führt eine kleine Straße zum 4 km entfernten Palacio del Acebrón. Die Felder zur Linken wurden früher mit dem Wasser von La Rocina bewässert. Seit 1978 gehört der Fluß zum Nationalpark, um die große Marsch flußabwärts der Canariega Brücke zu schützen.

Maurische Landschildkröte mit ihrer typischen Doppelspur

Im Frühsommer lohnt es sich, kurz nachdem man den Parkplatz am Palacio del Acebrón verlassen hat, nach Bienenfressern Ausschau zu halten. Diese Vögel graben ihre Bruthöhlen in die Erde unter der Straße. Vielleicht sitzen einige mit großen Insekten im Schnabel auf dem Zaun? Sie warten dann nur darauf, daß man seinen Weg fortsetzt, damit sie ungestört ihre Jungen füttern können. – Bienenfresser sind spezialisiert darauf, große, fliegende Insekten zu fangen. Manchmal versammeln sie sich um Bienenkörbe zur Jagd, weshalb sie auch häufig abgeschossen werden. Da sie tatsächlich Bienen jagen und fressen, haben sie eine besondere Fähigkeit entwickelt, um nicht gestochen zu werden: Sie fangen nur die Bienen, die tiefer summen als die anderen. Das sind die Drohnen, die männlichen Bienen, die keinen Stachel haben. Ein Oxford-Professor hat mit diesem Trick Freunde und Studenten beeindruckt: Er fing Hornissen mit bloßen Händen – nämlich die männlichen!

Bienenfresser

I.4. PALACIO DEL ACEBRÓN

„El Palacio del Acebrón" heißt soviel wie „Die Villa, wo das Wasser mit einem Brummen aus der Erde kommt".

Auf dem kürzesten Wege gelangt man dorthin direkt vom Parkplatz am Ende der Straße. Noch besser ist es, die Wanderung am Palacio zu beenden. Wenn Sie sich für Letzteres entscheiden, nehmen Sie den Weg, der an der rechten Ecke des Parkplatzes beginnt. Halten Sie sich an den folgenden Weggabelungen links. Diese Route führt über zwei teilweise recht wild überwucherte Holzstege.

Sind Sie im Frühjahr hier, dann werden Ihnen einige prächtige, große hellblaue Pflanzen auffallen, deren Laubblätter bis zu 2 m lang sein können. Es ist eine Unterart der Spanischen Iris oder Schwertlilie, die im sandigen Boden nur an dieser Küste zu finden ist.

*Hellblaue Unterart
der Spanischen Iris*

Die Vegetation unterscheidet sich in diesem Gebiet stark von der bisherigen. Jetzt herrscht die Korkeiche vor, und eher verstreut finden sich Schirmpinien und Eukalyptusbäume – darunter gibt es ein paar große, beeindruckende Exemplare.

Die Korkeiche ist nur eine der vielen Baumarten der Mischwälder, die vor etwa 3.000 Jahren große Teile des spanischen Flachlandes bedeckten. Dann wurden sämtliche Bäume gefällt, und nur auf landwirtschaftlich unbrauchbarem Land haben sich einige regeneriert.

Wanderstege

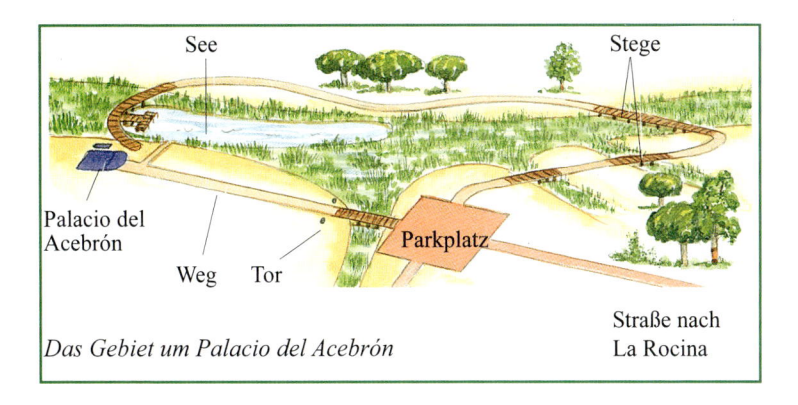

Das Gebiet um Palacio del Acebrón

Der in diesem Wald ursprünglich dominierende Baum war die Rundblättrige Eiche. Ihr Holz eignet sich jedoch nicht so gut zum Bauen wie das der Kanarischen Eiche. Deshalb bevorzugte man letztere, die hier auf den feuchten Böden auch gut gedieh.

Der Korkeichenweg

Korkeichen

> **Eichen**
> In West-Andalusien kommen sieben Eichenarten vor. Drei davon haben schmales, ledriges und immergrünes Laub: die Korkeiche, die Rundblättrige Eiche und die Kermeseiche. Die vier anderen Arten werfen ihr weicheres und langblättriges Laub ab; sie sind sommergrün: die Kanarische und Portugiesische Eiche sowie die Pyrenäen- und Straucheiche.
> *Immergrün* heißt, daß der Baum sein Laub länger als ein Jahr behält. Im Gegensatz dazu gilt ein Baum als *laubabwerfend* oder sommergrün, wenn er jährlich sein gesamtes Laub verliert, bevor das neue erscheint; solche Bäume haben für kurze Zeit kein einziges Blatt.

Das Abschälen der Korkrinde ist in Andalusien eine bedeutende regionale Industrie. Kork ist die äußere, nicht mehr lebende Schicht einer Korkeiche. Durch ihre große Dicke dient sie hauptsächlich dem Schutz vor den mächtigen, natürlichen Feuersbrünsten in der Region. Obwohl sie ihr Laub behalten, machen Korkeichen nahezu eine Sommerruhe. In dieser Zeit schrumpft die lebende, innere Schicht der Rinde mit den aktiven Leitungsbahnen etwas ein, nicht aber die tote, äußere Korkschicht. Daher kann jetzt der Kork abgenommen werden, ohne dem Baum übermäßig zu schaden. Nun ist der Baum jedoch ohne jeglichen Feuerschutz, selbst der kleinste Brand kann ihn vernichten. Um das zu verhindern und um die Korkernte zu erleichtern, wird vor der Ernte sämtliches Unterholz aus den Wäldern ausgeräumt.

Im Doñana Nationalpark wird Kork nicht mehr geerntet. Doch an einer deutlich anderen Rindenstruktur ist zu erkennen, daß die Korkschicht mancher Bäume schon einmal geschält worden ist.

Frisch geschälte Korkeichen

Korkernte

Die Korkrinde der Bäume, die nie geschält wurden, ist tief gefurcht und damit ein idealer Lebensraum für viele kleinere Tiere, z.B. Insekten und Geckos. Die Korkschicht, die sich nach dem Schälen regeneriert, ist wesentlich glatter und damit industriell besser verwertbar. Als Kleinsthabitat (Lebensraum) verliert sie jedoch an Wert. Alle neun Jahre wird der Kork eines Baumes geerntet. Zweifellos schwächt dies den Baum, macht ihn anfälliger gegen Krankheiten, und seine Lebenszeit wird möglicherweise um die Hälfte verkürzt.

Wenn der Kork vom Baum geschält ist, werden die Korklagen auf traditionelle Weise mit Maultieren zur nächsten Straße gebracht und dort auf LKW verladen. Am Korklager angelangt, werden sie im Freien zum Glätten aufgestapelt. Der Regen wäscht dann Harze, Tannine und andere Verunreinigungen aus. Danach werden die Stücke beschnitten, etwa eine Stunde lang zum Bleichen in Wasser gekocht, nochmals beschnitten und dann für den Transport zur weiterverarbeitenden Industrie in Ballen verpackt. Die Reste sowie Korklagen minderer Qualität werden zerkleinert und die Teilchen nach Größen sortiert, um daraus Preßkork herzustellen.

Aus etwa Dreivierteln des aus Andalusien stammenden Korks werden Flaschenkorken hergestellt. So wird der Trend, Flaschenverschlüsse aus Plastik zu nutzen, für die Wälder Spaniens und Portugals weitreichende, ökologische Folgen haben.

Schnitt durch einen Korkeichenstamm. Deutlich sind die äußere Korkschicht, der dunkle Ring des aktiven Leitgewebes und in der Mitte das Holz zu erkennen.

Kork

Kork

Die Rinde der meisten Bäume besteht aus einer inneren, lebenden Schicht, dem *Phellogen* (oder Korkbildungsgewebe), dessen Zellen nach außen hin wachsen. Auf die inneren Zellwandflächen werden Lamellen aus *Suberin* abgelagert. Die alten, abgestorbenen Zellen bilden die äußere *Korkrinde* oder *Borke*. Da Suberin praktisch undurchlässig für Wasser und Gase ist, gibt es Stellen in dieser Schicht, in denen die Zellen lockerer angeordnet sind. Das sind die sogenannten *Lentizellen* oder *Korkporen,* die den Gasaustausch ermöglichen. Man kann sie auf der Oberfläche junger Zweige als rauhe Punkte oder im Kork selbst als dunkle Linien, die von innen nach außen führen, erkennen. - Für das Verschließen von Flaschen versteht sich daher, daß der Kork so geschnitten werden muß, daß die Lentizellen im Korken quer verlaufen!

Das Holz der Korkeichen ist kaum von Wert und wird bestenfalls als Feuerholz genutzt. Es verrottet schnell, meist vor seiner Korkrinde. So entstehen ideale Nistplätze für Feldsperlinge und andere höhlenbrütende Vögel. Übrigens: Die deshalb hier recht häufigen Feldsperlinge unterscheiden sich von Haussperlingen durch ihre kastanienbraune Kappe.

Abgestorbene Korkeichen sind ideale Nistplätze für Höhlenbrüter.

Pflanzen feuchterer Lebensräume

An der ersten kleinen Brücke blüht im Frühsommer oft die Sumpf-Platterbse und der hübsche weißblütige Strauch der Zistrose *Cistus psilosepalus,* im Herbst dann die auffällige Wimper-Heide, deren abgestorbene Blütenköpfe man fast das ganze Jahr über an der Pflanze finden kann.

Cistus psilosepalus

Feldsperling

Sumpf-Platterbse

Wimper-Heide

Der Erdbeerbaum und sein Schmetterling

An der Südseite Ihres Weges steht ein einzelner Erdbeerbaum. Er fällt im Herbst durch seine runden, orangen oder roten Früchte und um Weihnachten durch seine weißen Blüten auf. Betrachtet man eine Blüte von Nahem, so kann man feststellen, daß sie den Heideblüten ähnlich sieht. Aufgrund dieser Ähnlichkeit gehört der Erdbeerbaum auch in die gleiche Familie wie Heide, Blaubeere und Rhododendron. Seine süßlichen Früchte sind eßbar aber nicht sehr schmackhaft. Die Einheimischen vergären sie, um einen süßen Likör herzustellen. Das Laub dieses Baumes ist die Hauptnahrung für die Raupe des prächtigsten Schmetterlings Europas: des Erdbeerbaumfalters. In den Sommermonaten kann man manchmal erwachsene Falter bei ihrem eleganten Flug beobachten, doch es ist eher unwahrscheinlich, eine der grünen, behornten Raupen zu finden.

Erdbeerbaumfalter

Erdbeerbaum

Achten Sie am Anfang des ersten Steges auf den recht großen Bestand des seltenen Sumpffarns und die großen Blattwedel des Königsfarns. Letzterer hat spezielle Sporenblätter, wohingegen die meisten anderen Farne ihre Sporen auf der Unterseite ihrer Blattwedel tragen.

Farne und Binsenschneide

Sumpffarn

Königsfarn

Hier steht auch die Binsenschneide, eine grasähnliche Pflanze, die durch ihre rasiermesserscharfen, sägeartigen Blattränder ziemlich gefährliche Wunden verursachen kann. Wenn Sie jemanden finden sollten, der Ihr Haus mit dieser Pflanze deckt, so wird dieses Dach etwa fünfzig Jahre halten. Doch um es zu decken, braucht man gepanzerte Handschuhe, wenn nicht sogar eine vollständige Rüstung.

Blühende Binsenschneide

Feuchtes Waldgebiet

Eine Wanderung über die Stege gibt einen guten Eindruck davon, wie unpassierbar die Marsch einst war, bevor der Mensch seine Wege hindurch baute. Viele der Riedmoore Westenglands und andere Marschgebiete Europas waren ursprünglich ebenfalls mit einer solchen dichten, waldigen Vegetation bewachsen. Eine der häufigsten Baumarten ist die Saalweide. Doch auch der Faulbaum ist am Anfang des Weges zu finden, und an manchen Stellen hellen die gelben Blüten der Sumpf-Schwertlilie den Waldboden auf.

Steg durch den feuchten Saalweidenwald

Wenn Sie am Ende des ersten Steges nach links abbiegen, werden Sie feststellen, daß sich die Umgebung plötzlich verändert: Auf trockenerem, sandigem Boden wachsen jetzt ganz andere Pflanzenarten als bisher. Einige davon sind hier abgebildet.

Portugiesischer Tragant mit Früchten

Blüten auf sandigem Boden

Alpenwachsblume: trotz Haarlosigkeit ein Vertreter der Boretschgewächse

Kugelkopf-Flockenblume: Diese Unterart hat innerhalb der Flockenblumen die größten Blüten.

Dingel: eine blattlose, parasitische Orchidee, die früher zum Abtreiben genutzt wurde

Spätblühender Krokus: Er ist nicht zu verwechseln mit der giftigen Herbstzeitlosen, die zu den Lilien gehört.

Eukalyptus

Zu Ihrer Rechten steht nun ein großer Fieberbaum (auch Eukalyptus), der ursprünglich in Tasmanien und an der Küste Victorias in Australien beheimatet ist.

Fieberbaum

Eukalyptus
Alle 500 Eukalyptusarten kommen aus Australien, Neuseeland und Borneo. Sie erhielten ihren Namen aufgrund ihrer Blüten: Finden Sie einen abgefallenen Zweig mit Blütenknospen, so versuchen Sie, deren kappenähnliches, spitzes Ende vorsichtig zu entfernen und das darunterliegende, fadenförmige Gewebe freizulegen. Genau diese Kappe ist die „schöne Hülle" (griech.: *eu* = schön; *kalyptein* = verhüllt, bedeckt), die durch die Fusion primitiver Blüten- und Kelchblätter entsteht. In ihr befinden sich die den Pollen produzierenden Staubgefäße. Fallen sie ab, bleibt die holzige Blütenbasis zurück, die zur Frucht, der „Eukalyptus-Nuß", erhärtet. Einige Eukalyptusarten haben große, pinkfarbene Blüten. Sie werden durch Insekten bestäubt und beinhalten bis zu einem Teelöffel voll Nektar, aus dem ein exzellenter Honig hergestellt werden kann.

Eukalyptusfrucht

Blütenknospen und Früchte des Fieberbaumes

Eukalyptusbäume stehen in einer interessanten Beziehung zum Feuer: Ausgewachsene Bäume werfen einen großen Anteil leicht entzündlicher Blätter, Zweige und Rindenstücke ab. Ihr Stamm schützt sie durch eine dicke, nasse Rinde vor Feuer auf dem Waldboden. Ihre Samen sind fein wie Staub und keimen besonders gut, wenn sie stark erhitzt wurden. Deshalb sind Keimlinge in relativ feuerfreien Gebieten, wie beispielsweise in der Doñana, selten zu finden. – Eine andere Art, der Camaldoni-Fieberbaum, wurde in Andalusien weithin angepflanzt, da sein Holz gut nutzbar ist und er die jährliche fünfmonatige Trockenphase gut übersteht.

Dem Eukalyptus wird nachgesagt, daß er das Grundwasser in seiner Umgebung zu stark anzapft. Tatsächlich benötigt er aber nicht mehr Wasser als ein breitblättriger Baum gleicher Größe und Wachstumsrate. Deshalb sollte man eher argumentieren, ob man Bäume aus anderen Ländern überhaupt einführen sollte oder nicht. Die hiesige Nationalparkpolitik sieht vor, die Eukalyptusbäume zu entfernen und nur den einheimischen Pflanzen eine weitere Verbreitung zu gestatten. Auf dem Weg zurück zur Hauptstraße können Sie zwischen der Straße und den Feldern ein Gebiet sehen, das vor kurzem von Eukalyptusbäumen befreit wurde. Einige von ihnen haben sich aus den Stümpfen regeneriert.

Palacio del Acebrón

Der letzte Teil Ihres Weges führt Sie über einen weiteren Steg zu einem Aussichtspunkt mit Blick auf einen kleinen See; dann kommen Sie direkt am Palacio del Acebrón heraus.

Palacio del Acebrón

Der Palacio del Acebrón wurde 1961 als Jagdhütte für Luis Espinosa Fondevilla, einen Kaufmann aus La Palma del Condado/Provinz Huelva, gebaut. Über dem Portal ist sein Monogramm zu sehen. Der Kamin im Haus ist eine Kopie dessen aus dem berühmten Hotel „Alfonso XIII" in Sevilla. Unglücklicherweise mußte Luis Espinosa im Jahre 1972 seinen Besitz verkaufen, um seine Schulden zu begleichen. Gekauft wurde das Herrenhaus von einer nationalen Zellulose-Firma, die dorthin ihre besten Kunden einlud. Seit 1978 gehört der Palacio del Acebrón zum Nationalpark, seit 1981 ist er für die Öffentlichkeit zugänglich.

Luchs und Wolf

1990 wurden die wesentlichsten Restaurierungsarbeiten am Eingangsbereich, den Treppen und der Innenausstattung vorgenommen. Heute erstrahlt das Herrenhaus in blendend weißem Marmor.

Im Haus befinden sich ein Informationsbüro, Toiletten und eine Ausstellung über den Nationalpark und seine Bewohner. Letztere wurde im Jahre 2000 komplett erneuert. Seitdem gehören auch die oberen Räume dazu. Das Eßzimmer, wenn Sie hereinkommen zu Ihrer Linken, ist Luis Espinosa und der Jagd gewidmet. Hier hängen einige schaurige Fotos von Jagdszenen und Tötungen von Tieren sowie ausgestopfte Vögel und Säugetiere. Im Salon gegenüber sind Waffen und Trophäen ausgestellt. Die Deckenmalereien der beiden Empfangsräume scheinen von denen der Sixtinischen Kapelle in Rom inspiriert zu sein.

Iberischer Luchs

Doñana-Wolf. Der letzte wurde 1951 erlegt.

Zwei Männer

Schnitzereien verschiedener spanischer Künstler sind in den Informationszentren bei La Rocina und Acebuche zu sehen, so u.a. von Chiqui Díaz Benítez, eher bekannt als El Vichero. Sein Spanischer Kaiseradler im Palacio del Acebrón ist geradezu ein Meisterstück.

Ginsterkatze. Holzskulptur von El Vichero

Draußen, zurück an der frischen Luft, steht eine Büste von Felix Rodriguez de la Fuente, dem berühmten spanischen Tierfilmer. Seine Karriere fand durch einen Flugzeugabsturz in Alaska ein jähes, tragisches Ende.

Nich weit entfernt davon steht ein Trompetenbaum, ursprünglich heimisch im Osten der USA. An der anderen Seite des marmornen Vorplatzes nahe der Kapelle steht der in China und Indien beheimatete Perlenbaum. Beide Arten lassen sich anhand ihrer Blüten und Früchte deutlich voneinander unterscheiden. Auch eine prächtige Australische Silbereiche wächst hier. Im Sommer ist sie für eine kurze Zeit mit auffallend gelben Blüten übersät.

Diese drei Bäume repräsentieren drei Familien tropischer Pflanzen: der Trompetenbaum die *Bignoniaceae,* zu denen verschiedene Schlingpflanzen gehören; der Perlenbaum die *Meliaceae* aus der Mahagoni-Familie und die Australische Silbereiche die *Proteaceae,* zu der auch die hübschen Silberbaumgewächse Südafrikas gehören.

Drei exotische Bäume

*Australische
Silbereiche
in Blüte,
dahinter der
Trompetenbaum*

Im Frühling kann man im Gras rechts des Weges Reifrock-Narzissen und Zungenstendel entdecken. Das pinkfarbene Band im Gras unter den Pinien jenseits des Zaunes bilden die Blüten der endemischen Cádiz-Grasnelke.

Reifrock-Narzisse

Wiesenblüten

Zungenstendel, eine Orchidee

Kleine, weiße, glockenähnliche Blüten auf schlankem Stengel zeigt im Frühling die Haarblättrige Knotenblume und im Herbst die Herbst-Knotenblume. Direkt am Weg begegnen Ihnen auch verschiedene Kleearten, so der gelbblütige Feldklee, der Hasenklee und der Schmalblättrige oder Fuchsschwanz-Klee.

Der Weg führt Sie nun zurück zum Parkplatz.

Fuchsschwanz-Klee

Klee

Hasenklee („Hasenpfötchen")

Stern-Klee

Achten Sie auf das prunkvolle Tor und die kleine Hütte daneben, die die Unterkunft für einen recht imposanten Hund gewesen sein muß.

Das Tor zum Palacio del Acebrón

II.1. BUCHUNG DER TOUR

Ohne eine Tour in das Innere des Nationalparks bleibt ein Besuch unvollständig. Diese Touren werden von einem regionalen Unternehmen (Cooperativa Andaluza de las Marismas del Rocío) organisiert und können nur in einem der Geländewagen der Gesellschaft einschließlich Fahrer/Fremdenführer unternommen werden. Die Tour geht über etwa 70 km Sandwege. Im Frühjahr und Sommer ist es notwendig, die gewünschte Anzahl an Plätzen telefonisch im Besucherzentrum El Acebuche zu reservieren unter: 959 430 432 (vom Ausland: +34 959 430 432). In der Regel stehen Ihnen zumindest Englisch sprechende Mitarbeiter zur Verfügung; nur wenige Mitarbeiter sprechen Deutsch. Der Preis pro Sitz in einem der 8-, 21- oder 26-sitzigen Allradfahrzeuge beträgt 18,50 Euro für einen halben und 30 Euro für einen ganzen Tag (2002). Die Touren beginnen um 8.30 Uhr und enden vom 15. September bis zum 31. April um 15.00 Uhr bzw. vom 1. Mai bis zum 14. September um 17.00 Uhr. In der Zeit vom 1. Juni bis zum 30. September werden sonntags, vom 1. Oktober bis zum 31. Mai montags keine Touren durchgeführt. In der Woche vor Pfingsten, einschließlich Pfingsten selbst, ist der Nationalpark wegen der alljährlichen Feierlichkeiten in El Rocío geschlossen. Finden Sie genügend Mitfahrer, können Sie ein Fahrzeug ganz für sich mieten. Dann steht es Ihnen frei, den Tag selbst zu gestalten, anzuhalten, wo Sie wollen – kurz: sich ein einmaliges Erlebnis zu schaffen.

Allradfahrzeuge, die zur Abfahrt in das Innere des Nationalparks bereitstehen

El Acebuche und Matalascañas

So oder so – für eine Ganztagstour durch den Park ab El Acebuche sollten Sie einen Sonnen-, Regen- und Insektenschutz sowie einen gefüllten Picknickkorb nicht vergessen.

Von Acebuche aus geht Ihre Tour zunächst zurück auf die Hauptstraße und dann nach Matalascañas, einer Urlaubersiedlung aus Hotels, Apartments und Ferienhäusern. Lange bestand Matalascañas nur aus ein paar einfachen Hütten am Strand, in die die Leute der drückenden Hitze Sevillas entflohen. Ab 1960, durch die Regierungspolitik unterstützt, wurden dann die ersten touristischen Unterkünfte gebaut. Heute gibt es hier etwa 100.000 Betten – alle sind zu Pfingsten und im Hochsommer belegt. Abgesehen von diesen Zeiten leben nur 1.000 Menschen hier. Diese rasante Entwicklung Matalascañas' war der Grund dafür, die Doñana schnellstens in Form eines Nationalparks schützen zu wollen.

Daß die wilde Schönheit der Doñana tatsächlich bis in unser Industriezeitalter überlebt hat, ist sowohl geschichtlichen Zufällen als auch dem engagierten Bemühen einiger weniger

Matalascañas

weitsichtiger Menschen zuzuschreiben. Diese Chronik, die Sie in Auszügen auf den nächsten Seiten finden werden, liest sich wie ein faszinierender Spiegel der europäischen Geschichte.

Zur Geschichte der Doñana ab 1262

1262 Nach der Befreiung des Landes von den Mauren erklärt König Alfonso X. einen großen Teil des Gebietes zum königlichen Jagdrevier und baut Einsiedeleien zur Jungfrau Maria in El Rocío und am Ufer des damals größten Sees, der heute Laguna de Santa Olalla heißt.

1294 König Sancho IV. übereignet Alfonso Pérez de Guzmán (El Bueno) aufgrund seiner Verdienste bei der Verteidigung Tarifas gegen die Mauren einen großen Teil des Landes und der Marsch südlich von El Rocío einschließlich der Halbinsel.

Statue König Sanchos IV. in Tarifa

1309 Guzmán fällt in der Schlacht bei Gaucín. König Fernando IV. fügt dem Vermögen Guzmáns weiteres Land westlich der heute die Ortschaften El Rocío und Matalascañas verbindenden Straße hinzu.

1445 Die Guzmán-Familie stellt die Herzoge von Medina Sidonia.

1493 König Fernando der Katholische und Königin Isabel schenken ihrem Schatzmeister Esteban Pérez Cabizo das Gebiet um Madre de las Marismas. Dessen Sohn verkauft es später der Stadt Almonte.

1495 bis 1584

König Fernando   *Königin Isabel*

1495 Der 3. Herzog von Medina Sidonia führt den Rothirsch ein. Wilde Rinder und Wölfe sind reichlich vorhanden.

1553 König Felipe II. erklärt das 5 km um Coto del Rey gelegene Gebiet (nördlich und östlich von El Rocío) zum Jagdgebiet.

1584 Es werden große Anstrengungen unternommen, den Wolf im Gebiet auszurotten.

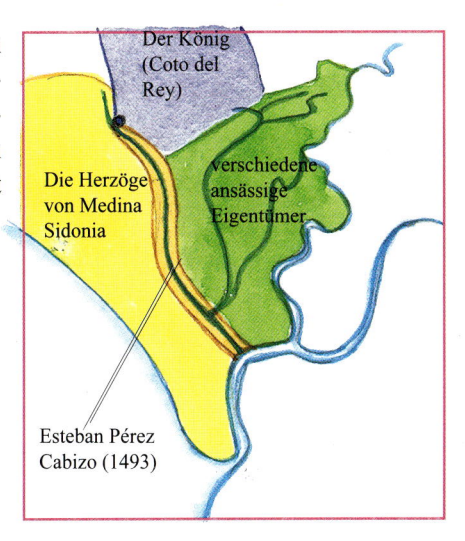

Karte der Landeseigentümer von 1493 bis 1585

Der König (Coto del Rey)

Die Herzöge von Medina Sidonia

verschiedene ansässige Eigentümer

Esteban Pérez Cabizo (1493)

1585 bis 1624

1585 Der 7. Herzog von Medina Sidonia kauft die Marsch rund um Madre de las Marismas. Er baut für seine Frau Ana Gómez de Silva y Mendoza eine Jagdvilla, die heute als El Palacio de Doñana bekannt ist. Sie flieht hierher, um den Intrigen am Hofe und dem skandalösen Verhalten ihrer Mutter, der verwitweten Prinzessin von Eboli, zu entkommen.

7. Herzog von Medina Sidonia

1588 König Felipe II. ernennt den 7. Herzog zum Führer seiner „Unbesiegbaren Armada" gegen England. Nach deren Niederlage zieht dieser sich zu seiner Frau Doña Ana zurück. Wenig später wird die Gegend als Los Bosques de Doña Ana („Der Wald der Gräfin Anna") bekannt.

1610 Tod der Doña Ana.

1619 Tod des 7. Herzogs.

1624 König Felipe IV., sein Hof und der Graf-Herzog von Olivares werden mit glanzvollen Jagden in der Coto Doñana durch den Herzog von Niebla, einem heruntergekommenen Guzmán, unterhalten, der sich den Palacio de Doñana wieder hergerichtet hat.

König Felipe IV.

1653 bis 1797

1653 Gründung der frommen Bruderschaft von Almonte in El Rocío (zur Herkunft der Bruderschaften siehe Seite 118).

1797 Nach einer Reihe von Erbschaften gehört die Coto Doñana nun der Herzogin von Alba. Sie lädt den Maler Francisco José de Goya in ihren Palast ein, der hier seine berühmten Gemälde „Nackte Maja" und „Bekleidete Maja" geschaffen haben mag. Eines von ihnen soll die Herzogin selbst darstellen.

Graf-Herzog von Olivares

Die Herzogin von Alba. Details in der Vegetation lassen vermuten, daß Goyas Gemälde in der Doñana entstand.

1829 bis 1893

1829   Von den Kanarischen Inseln werden Kamele als Transporttiere eingeführt, einige jedoch erlegt und als Wildbret verkauft. In der Folgezeit werden immer wieder Tiere ins Land gebracht, u.a. auch um den Film „Lawrence of Arabia" zu produzieren. Das letzte Kamel starb zu Beginn der 1990er Jahre.

1854   Antonio Machado y Núñez (Naturwissenschaftler an der Universität Sevillas und Großvater der berühmten Brüder Antonio und Manuel Machado y Ruiz) veröffentlicht eine Liste der Vögel Andalusiens einschließlich der Doñana – die erste für dieses Gebiet.

1863   Kaiserin Eugénie, Frau Napoleons III., besucht die Doñana mit einem Kriegsschiff, begleitet von fast dem gesamten andalusischen Adel.

1893   Abel Chapman, Naturforscher und Sportler, und Walter J. Buck, Britischer Honorarkonsul in Jerez, veröffentlichen in ihrem Buch „Wild Spain" eine Beschreibung der Doñana.

Walter J. Buck

Abel Chapman

1897 bis 1931

1897 Der letzte Repräsentant der Medina Sidonia Familie, Herzog von Niebla, verkauft Coto Doñana an Guillermo Garvey, einem Sherry-Baron aus Jerez. Garvey vermietet die Jagdrechte an ein Konsortium, bestehend aus Pedro González de Soto (Marquis von Torresoto) und drei Engländern: Buck, Chapman und Alexander Williams, einem Weinhändler.

1902 Während der Reparaturarbeiten am Palacio werden zwei menschliche Skelette gefunden. Man vermutet, daß es die des 7. Herzoges und seiner Frau Doña Ana sind.

1910 Chapman und Buck veröffentlichen ihr Buch „Unexplored Spain", das auch eine lange Liste der in der Doñana geschossenen Tiere enthält.

1912 María Medina Garvey, Nichte von Guillermo Garvey und Frau des Herzogs von Tarifa, erbt den Besitz. Man läßt eine Kapelle und eine Erweiterung des Palacio de Doñana, eine Jagdvilla im englischen Stil (Palacio de las Marismillas) sowie eine Landungsbrücke bei La Plancha bauen – all das erfolgt in Vorbereitung der Jagdbesuche König Alfonsos XIII.

1920 Das Damwild wird eingeführt.

1923 - 1926 Ausgrabungen werden bei Cerro de Trigo und Torre Salabar vorgenommen, um die mythische Stadt Tartessos zu finden.

1931 Tod des Herzogs von Tarifa. Der Besitz ist nun von Enteignung und Zerteilung durch die neue spanische Republik bedroht – „Ziegen für das Volk".

1933 bis 1940

1933   Tod der Herzogin von Tarifa. Ihre Schwester, Blanca Medina Garvey, Frau des Marquis von Borghetto, kauft den Besitz.

1934   Der Vorschlag, eine Straße durch die Doñana zu bauen, um Huelva mit Cadiz zu verbinden, wird erstmals geäußert.

1940   17.000 ha Land werden von einem Sportkonsortium, der Sociedad del Coto del Palacio de Doñana SA, gekauft. Dieses Konsortium besteht aus zwei Männern aus Jerez: Manuel María González Gordon (der in Briefen aus Chile seinen Vater flehentlich um den Kauf gebeten hatte, als bereits 1912 das Gerücht aufkam, daß es zu verkaufen sei) und José López de Carrisoza (Marquis von Merito) und dazu einem Mann aus Palma del Condado, Salvador Noguera. Die Marquise von Borghetto behält den südlichen Teil der Halbinsel. Nachfolgend wechselt das Marschgebiet einige Male seinen Besitzer.

Manuel González,
Marqués de Bonanza

Mauricio González, 1956

1952

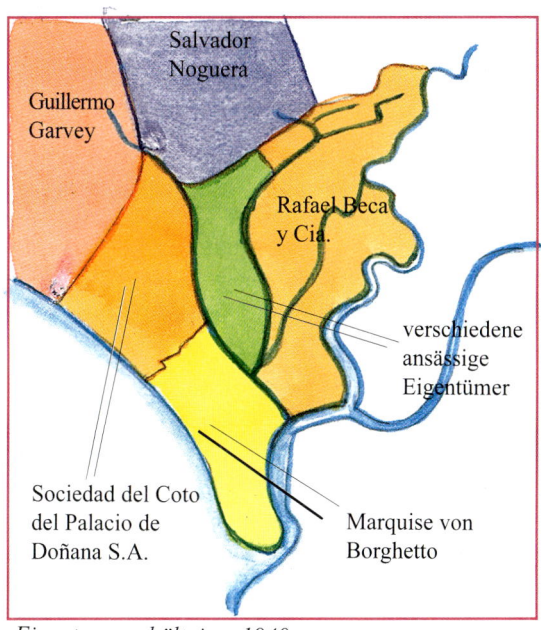

Eigentumsverhältnisse 1940

Labels auf der Karte:
- Guillermo Garvey
- Salvador Noguera
- Rafael Beca y Cia.
- verschiedene ansässige Eigentümer
- Sociedad del Coto del Palacio de Doñana S.A.
- Marquise von Borghetto

1952 Die neue Staatsregierung will die Coto Doñana kaufen, um dort Eukalyptusplantagen anzulegen. Die Eigentümer reagieren darauf mit dem Angebot, dies selbst zu tun. Eine nationale Firma ist ebenfalls am Kauf des Gebietes interessiert, um eine Gummibaumart anzubauen. – Das Pariser Museum sendet eine ornithologische Expedition in die Doñana. Sie besteht aus folgenden Mitgliedern: François Hüe, François Bourlière, Camille Ferry und Robert Etchécopar sowie dem amerikanischen Ornithologen Roger Tory Peterson und dem Briten Guy Mountfort als Gäste. Professor Francisco Bernis, Dr. José Antonio Valverde Gómez (führender Ornithologe und Biologe aus Almeria) und Mauricio González Díez (Sohn von Manuel González Gordon) beringen hier erstmals Vögel im großen Maßstab.

1953 bis 1959

1953 Staatsoberhaupt General Franco besucht mit dem Minister für Landwirtschaft die Doñana und interessiert sich dafür, ob durch den Eukalyptusanbau Probleme entstanden sind. Bernis, Manuel und Mauricio González senden an Franco selbst ein Schreiben, in dem sie ausdrücklich für den Anbau der heimischen Schirmpinie und für den Schutz der Doñana in Form eines Nationalparks plädieren. Das Eukalyptusprojekt wird zu den Akten gelegt.

1954 Gründung der Spanischen Ornithologischen Gesellschaft (SEO) durch Bernis, Mauricio González, Valverde und andere.

1956 Mountforts erste Expedition, u.a. bestehend aus Sir Julian Huxley (britischer Zoologe), Feldmarschall Lord Alanbrooke (führender Amateurornithologe), Max Nicholson (Direktor der Britischen Naturschutzbehörde), Eric Hosking (Pionier der Tierfotografie), Valverde und Peterson. Die Expedition wird im Folgejahr wiederholt; beide sind in Mountforts Buch „Portrait of a Wilderness" von 1958 beschrieben. Ein Großteil der örtlichen Administration beider Jahre obliegt Mauricio González, dem Mann, dem sowohl Mountforts als auch das vorliegende Buch gewidmet ist.

1959 Private und staatliche Spekulanten, unterstützt durch die aktuelle Gesetzgebung, planen, das Marschland um Hinojos zu erwerben und zu entwickeln. Davon berichtet Valverde Dr. Luc Hoffman (Präsident des International Wildfowl Research Bureau und Vizepräsident des WWF), der auf die Gefährdung der Doñana international aufmerksam macht.

1960

Mountforts Team, von links nach rechts, stehend: *George Shannon, Antonio Chico, James Ferguson-Lees, Mauricio González, Tony Miller, Pat Hollom;* sitzend: *Max Nicholson, Guy Mountfort, Mariegold Fitzalan-Howard, Lord Alanbrooke, Lady Alanbrooke, Julian Huxley, Eric Hosking*

1960   Valverde publiziert sein Buch über die Wirbeltiere der Guadalquivir-Marsch und betont ausdrücklich, daß hier einige der seltensten Tierarten Europas vom Aussterben bedroht sind: der Spanische Kaiseradler und der Iberische (oder Pardel-) Luchs. – Huxley veröffentlicht einen bedeutenden Artikel über die Gefährdung afrikanischer Wildtiere, der weltweit zur veränderten Haltung gegenüber dem Naturschutz beiträgt. – Valverde, unterstützt von José María Albareda (Generalsekretär des CSIC, dem Spanischen Wissenschaftsausschuß) und G. Baer (Präsident der Internationalen Gesellschaft für Naturschutz), schlägt dem Bildungsministerium vor, dem Marquis von Merito 6.000 ha des Marschlandes um Las Nuevas für 11 Millionen Pesetas abzukaufen.

1961 bis 1969

1961   Las Nuevas wird von Léo Biaggi, dem italienischen Zucker-Millionär, für 14 Millionen Pesetas gekauft. Später schenkt er dem Doñana Nationalpark Land und Geld. – Pläne werden bekannt, die Feriensiedlung über die gesamte Länge des Strandes der Doñana zu erweitern. Daraufhin beruft Valverde in London eine Dringlichkeitssitzung ein, u.a. mit Huxley, Hoffman, Mountfort, Nicholson und Peter Scott (Gründer des British Wildfowl Trust). Mit Unterstützung von Naturschutzverbänden aus aller Welt gründen sie den World Wildlife Fund (WWF, mit Prinz Bernhard von den Niederlanden als Präsidenten, heute The Worldwide Fund for Nature) mit dem ausdrücklichen Ziel, die Doñana zu retten. Es folgen Jahre, in denen Spenden gesammelt und schwierige Verhandlungen geführt werden.

1965   Nach dem Kauf der Doñana übergibt der WWF die Eigentumsurkunde dem CSIC, um die Biologische Station der Doñana mit Valverde als erstem Direktor zu gründen.

1969   Der WWF kauft für die Gründung des Guadiamar-Schutzgebietes 3.000 ha Marschland von Salvador Noguera und Manuel González Gordon. Spanien erklärt die Doñana zum Nationalpark.

> „Wenn uns die Summe, die wir zahlten, riesig erscheint, laßt uns daran erinnern, daß es weniger ist als der Preis, den wir fröhlich für den Neubau einer 500 Yard langen Autobahn zahlen und weniger als ein Sechstel der Kosten für ein kurzlebiges Verkehrsflugzeug. Was davon wird der Menschheit in den kommenden Jahren am meisten dienen?" (Guy Mountfort: „Portrait of a Wilderness", 2. Auflage 1968, Seite 24)

1969 bis 1979

1969... In den folgenden Jahren kommt weiteres Marschland zum Nationalparkgebiet hinzu.

1973 Das Landwirtschaftsministerium veranlaßt, die angrenzenden Reisfelder aus der Luft mit Pestiziden zu behandeln. Dadurch kommen zahllose Fische und Vögel um. Die verwesenden Kadaver verursachen den Ausbruch des Vogel-Botulismus. 50.000 bis 60.000 Wasservögel sterben in Las Nuevas. Dieses Massensterben initiiert eine wütende Pressekampagne gegen den verantwortungslosen Umgang mit Pestiziden, die weltweit ihren Widerhall findet.

1974 Nach einem Herzinfarkt tritt Valverde von seinem Amt als Nationalparkdirektor zurück. – Knapp 200 kg Amerikanische Flußkrebse werden nahe der Nordgrenze außerhalb des Nationalparks ausgesetzt. – Weitere Pestizid- und Kunstdüngeranwendungen im Umland des Parks bedrohen diesen weiterhin.

1977 Dr. Benito Valdés, von der Universität Sevilla, und andere Wissenschaftler erarbeiten einen Überblick zur Pflanzenwelt des Parks und entdecken dabei einige endemische Arten.

1978 Der Nationalpark wird durch den Erwerb eines Vorparks und einer Schutzzone großflächig erweitert.

1979 In Anerkennung seiner Verdienste wird der nun 93jährige Manuel González Gordon zum Ehrendirektor des Doñana Nationalparks ernannt.

1980 700 t Amerikanische Flußkrebse werden aus den Wassern der Marsch gefischt, was ein Nachdenken über die ökologischen Konsequenzen durch das

1980 bis 1989

Einführen fremder Arten zur Folge hat. – Die Doñana wird im Rahmen des MAB- (Man and Biosphere) Programmes der UNESCO zum Biosphärenreservat deklariert.

1981 Der Sommer bringt eine der verheerendsten Trockenperioden des Jahrhunderts. 15.000 Graugänse kommen um, nahezu keine große Wasservogelart brütet in diesem Jahr.

1982 Die UNESCO erklärt die Doñana zum Feuchtgebiet Internationaler Bedeutung.

1986 25.000 Vögel kommen durch die uneingeschränkte Anwendung von Pestiziden um.

1989 Der Vorpark wird zum Naturpark, der nun eine Fläche von 54.200 ha hat. Gemeinsam mit dem Doñana Nationalpark ist er das größte Schutzgebiet im Westen Europas.

In trockenen Jahren ist die Marsch befahrbar.

1990 bis 1994

1990er Der politische Druck nimmt zu, die „Costa Doñana" auf den Dünen im Westen des Parks zu entwickeln. Damit soll die hohe lokale Arbeitslosenrate zeitweilig gesenkt werden. Diese Idee wird von der EU verworfen. – Mauricio und Jaime González-Gordon Díez* gründen die González-Gordon-Stiftung, die Studien zur Beziehung Mensch und Natur unterstützen soll.

> * Spanische Nachnamen bestehen aus zwei Teilen: dem Namen des Vaters und dem der Mutter. Der vollständige Name wird in offiziellen Dokumenten genannt und dann, wenn es darum geht, Mißverständnisse zu vermeiden. Im Alltag wird der Name der Mutter normalerweise weggelassen. Den Namen Gordon ehrend, entschieden sich die Söhne von Manuel González Gordon dafür, ihn an den Namen ihres Vaters anzuhängen, weshalb ihr vollständiger Nachname *González-Gordon Díez* lautet.

1990-1995 Weitere größere Dürreperioden als in den vorangegangenen zehn Jahren sind die Ursache für eine hohe Sterblichkeit bei den Wasservögeln.

1994 Die UNESCO erklärt den Doñana National-park zum Welterbe der Natur.

Gedenktafel bei Acebuche

1998

1998 Der Damm des Abwasserbeckens einer Zinkmine bei Aználcollar, 45 km nördlich des Parks, bricht. 5,5 Millionen m³ sauren Wassers und 1,3 Millionen m³ Schwermetallsulfide fließen auf 2.000 ha Farmland und Marsch. 80 Prozent der suspensierten Feststoffe werden in den ersten 13 km abgelagert. Die Flutwelle passiert das Ende des Nationalparks, unterirdisch scheint aber nichts versickert und in die Wasser des Nationalparks gedrungen zu sein. Verantwortungslose Presseberichterstattungen verschlimmern den wirtschaftlichen Schaden in der Region. Nach intensiven Säuberungsarbeiten der Minengesellschaft untersuchen nun Wissenschaftler mögliche Langzeiteffekte auf die Tier- und Pflanzenwelt.

Die Katastrophe von Aználcollar

Der Staudamm der Zinkmine bei Aználcollar. Der Damm brach am 28. April 1998. Dieses Foto entstand wenige Wochen später, als bereits Reparaturarbeiten unternommen wurden.

II.2. AM STRAND

Sie verlassen nun die Straße südlich von Matalascañas, um in den Nationalpark einzubiegen. Dann fahren Sie an Dünen vorbei und gelangen zum Strand. Von hier erstreckt sich 33 km sandiger Halbinselstrand bis zur Mündung des Guadalquivirs.

Luftaufnahme vom Strand

Hier am Strand bietet es sich an, sich über die geologische Geschichte der Doñana Gedanken zu machen.

Die letzte Eiszeit verlief vor etwa 120.000 bis 8.000 Jahren. In dieser Zeit stieg und fiel die Durchschnittstemperatur in vier Hauptzyklen. Indem das Eis sich südwärts bewegte, fixierte es Wassermassen. Als Folge daraus sank der Meeresspiegel. In den Warmzeiten stieg der Meeresspiegel wieder an und bedeckte das Land, das heute die Doñana ist. Vor etwa 6.000 Jahren erreichte das Meer etwa sein jetziges Niveau und hinterließ eine flache Lagune, an deren Ufer heute die Städte stehen, so, wie sie auf der gegenüberliegenden Seite eingezeichnet sind.

Entstehung der Doñana

Geologie

Der Erdboden, auf dem wir hier stehen, ist sehr dünn und liegt direkt dem Grundgestein auf. Dieses läßt sich im Wesentlichen von drei Hauptgruppen ableiten:

1. Teil der ursprünglichen Erdkruste: von den Erdkräften hochgestemmt und durch Verwitterung von den bedeckenden Schichten, z.B. Peridotit, befreit.

2. Magmatisches Gestein: in den Tiefen der Erdkruste verflüssigt und zur Erdoberfläche ausgestoßen, z.B. Granit.

3. Sedimentäres Gestein: entstanden durch Erosion ehemals vorhandenen Gesteins, z.B. Sandstein, oder durch Körper ehemals lebender Organismen, z.B. Kalkstein. Die Partikelgröße reicht von Geröllbrocken bis hin zum Lehm, und alles wird als Gestein bezeichnet. War das Sedimentgestein einer starken Hitze durch eindringendes, glühendes Gestein und einem großen Druck durch die darüberliegenden Schichten unterworfen, verschmolzen dessen Schichten teilweise miteinander, oder sie veränderten sich auf andere Weise. Sie heißen dann *metamorphes* Gestein. Marmor ist z.B. metamorpher Kalkstein und Schiefer metamorpher Lehm.

Sedimentgestein kommt normalerweise in Schichten vor, die man *Formationen* oder *Lagen* nennt; die jüngeren liegen den älteren auf. Einige wenige liegen „verkehrt herum", weil sie durch geologische Prozesse umgekippt bzw. umgeklappt wurden. Aussagen zum Alter einer Formation sind durch Analysen ihrer Fossilien möglich; tierische Fossilien sind häufiger als pflanzliche.

Durch solche Untersuchungen stellte man fest, daß es drei Hauptstufen der Evolution gegeben haben muß. So werden auch die Gesteine den vier großen Epochen zugeordnet, die ihrerseits in verschiedene Perioden untergliedert sind: >>>

Die Lagune an der Mündung des Guadalquivirs vor etwa 6.000 Jahren. Es ist die Lage der heutigen Städte eingezeichnet.

Erdzeitalter

1. **Präkambrium**: Hier gibt es nur wenige tierische Fossilien. Diese Epoche schließt die gesamte Erdgeschichte von ihrem Beginn vor etwa 4.600 Mio. Jahren bis zum Erscheinen erster organisierter Fossilien vor etwa 570 Mio. Jahren ein.
2. **Paläozoikum** (Epoche der Trilobiten): Sechs Perioden: *Kambrium* (Beginn vor etwa 570 Mio. Jahren), *Ordovizium* (vor etwa 500 Mio. Jahren), *Silur* (vor 435 Mio. Jahren), *Devon* (vor 395 Mio. Jahren), *Karbon* (vor 345 Mio. Jahren), *Perm* (vor 280 Mio. Jahren).
3. **Mesozoikum** (Epoche der Saurier und Ammoniten): Drei Perioden: *Trias* (vor etwa 225 Mio. Jahren), *Jura* (vor etwa 193 Mio. Jahren), *Kreide* (vor etwa 136 Mio. Jahren).
4. **Känozoikum** (Epoche der Säugetiere und Vögel): Zwei Perioden: *Tertiär* (vor etwa 70 Mio. Jahren; in fünf Abteilungen untergliedert: *Paläozän, Eozän, Oligozän, Miozän* und *Pliozän*) und *Quartär* (vor etwa 2 Mio. Jahren; in zwei Abteilungen untergliedert: *Pleistozän* und *Holozän*).

Die Erdkruste besteht aus einer Anzahl von Kontinentalplatten, die auf dem haftenden Erdkern aus geschmolzenem Gestein gleiten. Treffen sich Platten, schieben sie sich über- und untereinander, wodurch die Gesteinsschichten gefaltet und gehoben werden und magmatisches Gestein austreten kann.

Ansicht der Gesteinsschichten eines angeschnittenen Felsens an einer Straße

Homo sapiens

Vereinfachte Darstellung eines vertikalen Schnittes durch das Gestein unter der Doñana:

Tiefe (m)	Periode	Gesteinsart
0		(Erdoberfläche)
	Quartär	Lehm und erratische Blöcke
90		
	Pliozän	lehmiger Sand, Austernschalen
200		
	Pliozän	Sand mit Austernschalen, abgelagert, als Meeresspiegel sank
250		
	Pliozän & Miozän	blauer Lehm mit Erosionsgestein aus den benachbarten Bergen
2.000		
	Jura & Trias	dünne Schicht von Gesteinsfragmenten auf Schieferkonglomeraten und Kalkstein
3.000		

Unsere eigene Art, *Homo sapiens*, entstand in Ostafrika in einer Periode zunehmender Trockenheit. Wälder wurden zu Savannen; wir wurden zum zweibeinigen Jäger, der sich darauf spezialisierte, in der Tageshitze große Tiere zu jagen. Dazu bildeten wir kooperative Gruppen und lernten, mit dem Feuer umzugehen. Wir nutzten es zur Jagd, um Wälder zu zerstören und um mehr des von uns bevorzugten offenen Graslandes zu gewinnen.

Etwa zu dieser Zeit erreichten wir Südspanien; das Klima war bereits trockener geworden. Wir brannten die Wälder im Landesinneren nieder, um für unsere schon domestizierten Tiere Weideland zu schaffen. Diese breiteten sich in dem Zuge in den Bergen aus, in dem wir ihre natürlichen Feinde und Konkurrenten reduzierten. Feuer, Überweidung und Ackerbau nahmen dem Land seine schützende pflanzliche Hülle, und der Winterregen schwemmte den Boden davon.

Lacus Ligustinus

Doch ohne eine wasseraufnehmende Bodenschicht strömte das Regenwasser an den nackten Felsen herunter. Flüsse liefen über, spülten tiefe Täler in die Landschaft, bevor sie im heißen Sommer austrockneten. Und noch immer hält dieser Prozeß an, heute beschleunigt durch den Einsatz von Kettensägen, Erdbauarbeiten und Zigarettenstummeln.

Der Guadalquivir transportierte den von den Bergen stammenden Boden bis hin zur See. Die See bewegte ihn entlang der Küste und schuf damit neues Land, so die Halbinsel, an deren Basis heute Matalascañas steht. Dieses neu entstandene Land bestand anfangs aus einer Kette von Inseln, von denen die beiden größten zeitweise von den Phöniziern besetzt waren. Ein Zugang zur See, etwa dort, wo heute noch der Torre Carbonero (siehe Seite 92) steht, schloß sich kurz vor Beginn der römischen Ära. Die Lagune wurde *Lacus Ligustinus* genannt.

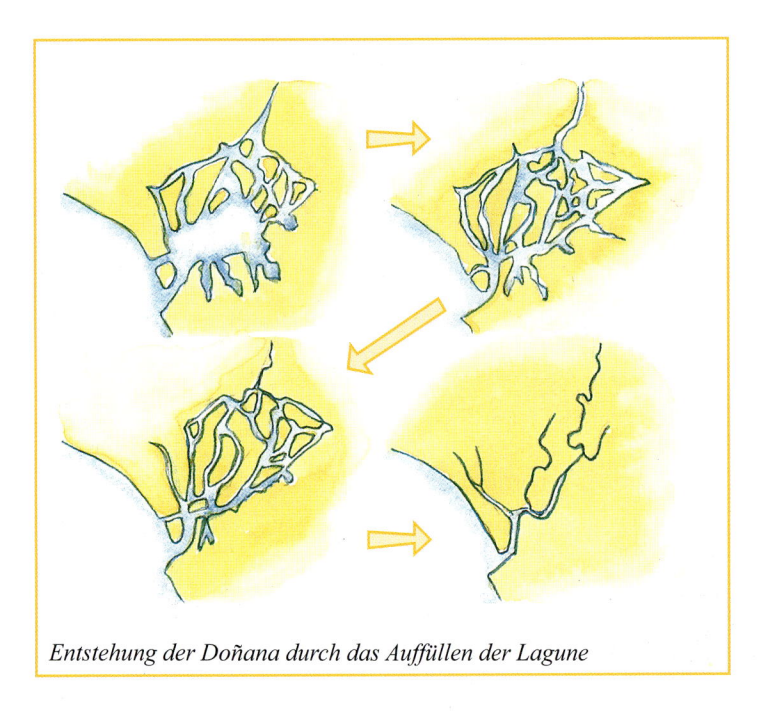

Entstehung der Doñana durch das Auffüllen der Lagune

Wind, Wasser und Erosion

Nach dem 4. oder 5. Jahrhundert n.Chr. war die Lagune nicht mehr schiffbar. Sie entwickelte sich zunächst zu einer Salzmarsch, die gegen Ende des Mittelalters durch die sandige Halbinsel so weit von der See abgeschnitten war, daß sie zu einer nur noch wenig salzhaltigen Süßwassermarsch wurde. Durch das Ausbaggern des Guadalquivirs für den Schiffsverkehr im 18. Jahrhundert wurde die Marsch nicht mehr durch diesen Fluß gespeist und trocknet seitdem im Sommer aus.

Erosionstätigkeit ist auch heute noch vorhanden. Nach starken Regenfällen gelangt nach wie vor Erdboden in die See. Die Wellen spülen Sand und feinere Materialien an den Strand, und der ständige landeinwärts gerichtete Wind weht diese in das Inland. Der gröbere Sand wird durch den Wind nur knöchelhoch zu flachen Dünen aufgeweht. Doch schaut man im Sommer bei starkem Westwind über die Dünen, kann man einen gelben Nebelschleier sehen. Das ist der Lehm, der weiter ins Land hinein transportiert wird.

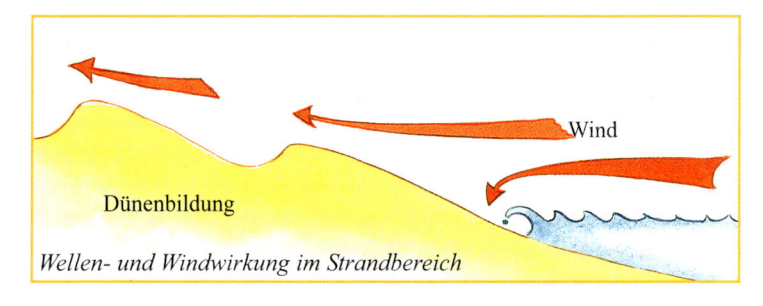

Wellen- und Windwirkung im Strandbereich

Doch nicht nur Sand und Lehm, sondern auch große Mengen organischen Materials werden vom Guadalquivir transportiert und ebenfalls entlang der Küste abgelagert. Knapp unter der geringsten Tide bilden sich ausgedehnte Wiesen aus Seegras, einer Blütenpflanze, die sich an das Leben im Salzwasser angepaßt hat. Stürme spülen es oft an den Strand. Das abgestorbene Seegras bereichert die organische Suppe, von der sich Millionen von Muscheln ernähren.

Muscheln

Seegras, nach einem Sturm an den Strand geschwemmt

Alle Muscheln sind Filtrierer: Sie ziehen das Wasser in ihren Körper ein, lassen es durch ihre starken, fleischigen Kiemen (dem Hauptanteil des Austernfleisches!) fließen, entnehmen das organische Material, das sie dann schlucken und verdauen.

Vordergründig betrachtet, sollten Muscheln still auf dem Meeresboden liegen, doch hier haben sie viele Feinde. Deshalb haben sie Möglichkeiten gefunden, jenen zu entkommen: Jakobsmuscheln können ihre Schalen klappenartig zuschnellen lassen und sich so vorwärts bewegen. Die anderen Muscheln bohren sich mit ihrem muskulösen Fuß in den Sand. Austern und Miesmuscheln verankern sich an Felsen. Doch bis auf ein paar Wracks gibt es an dieser Küste kaum „Felsen", deshalb sind letztere hier selten zu finden.

Zahlreiche andere Tierarten, meist Krebstiere und Würmer, graben sich ebenfalls in den sandigen Boden und bilden ein interessantes Ökosystem. Einige von ihnen sind Filtrierer wie die Muscheln, andere sind Räuber oder Aasfresser. Es sind jedoch die Muscheln, die den Hauptteil des im Meerwasser vorhandenen organischen Materials in ihren eiweißhaltigen Körpern konzentrieren. So bilden sie für Vögel und auch für uns eine wertvolle Nahrung.

Muschelfischer

Ein Strand voller Muscheln nahe des Mündungsgebietes

Seit undenklichen Zeiten fischen deshalb die hiesigen Menschen Klaff- und andere eßbare Muscheln an diesem Strand. Doch um den Muschelbestand sowohl für den Menschen als auch für die Vögel aufrecht zu erhalten, ist es nicht erlaubt, mit Hilfe von Pferden oder Maschinen zu fischen. So nutzen die Muschelfischer nur ein rechenartiges Netz, das sie rückwärts durch die Brandung ziehen. Die Netzmaschen haben alle die gleiche Größe, damit die noch nicht ausgewachsenen Muscheln im Sand verbleiben.

Ein Muschelfischer bei seiner Arbeit

Süßwasser in Meeresnähe

Lange Abschnitte des Strandes werden in einem rotierenden System regelmäßig zwei Monate lang für das Muschelfischen gesperrt, so daß sich die Bestände immer wieder regenerieren können.

Nachdem die Netze gefüllt sind, wird der Fang gesichtet. Leere Muschelschalen, kleine Krabben und Strandgut (oft viel mehr als der verwertbare Anteil des Fanges) werden aussortiert und die Muscheln nach Arten sortiert. In den regionalen Bars können Sie dann wunderbare, frische Tapas zu sich nehmen: *coquinas*, *almejas* und andere Arten – am besten zusammen mit einem *manzanilla*.

Die Muschelfischer selbst sind robuste Männer, ihre Arbeit ist im Winter bitterhart. Viele von ihnen leben direkt am Strand. Neben ihren Hütten haben sie Ziehbrunnen, denen sie trinkbares Süßwasser entnehmen. Wie ist das möglich?

Muschelfischerhütte, links im Bild ein Brunnen

Süßwasserquelle ist der Regen. Da das Land über dem Meeresspiegel liegt, fließt das versickernde Regenwasser horizontal durch den Boden in Richtung Meer. Dort übt es einen hydrostatischen Druck gegen das salzige Meerwasser aus. Deshalb enthalten diese Brunnen in direkter Nähe zum Meer Süßwasser, obwohl sie fast von den salzigen Meereswellen überspült werden.

versus Salzwasser

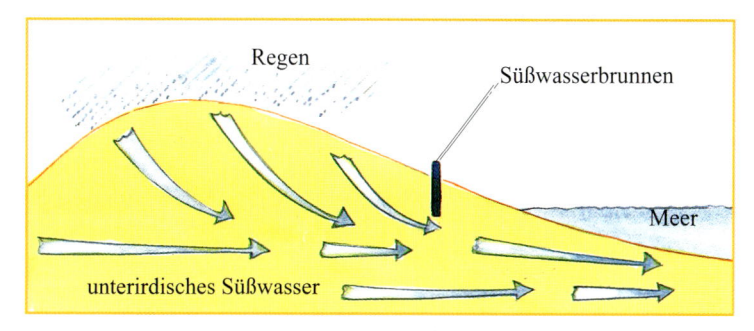

Der Schnitt durch Strand und Düne zeigt, wie vom Land abfließendes Süßwasser das Eindringen salzigen Meereswassers in Brunnen und Marschland verhindert.

In strandnahen Städten, wie Matalascañas, wurden Brunnen gegraben, mit deren Süßwasser sämtliche Häuser und Hotels versorgt werden. Der Weg dieses Wassers geht durch Rasenflächen, Wäschereien und viele Menschen, bis es als Abwasser wieder in das Meer gelangt. Dadurch verringert sich der hydrostatische Druck zwischen dem Brunnen und der Mündung der Abwasserleitung. Wird zu viel Süßwasser entnommen, dringt deshalb das Salzwasser ins Inland und macht damit das Brunnenwasser zum Trinken unbrauchbar. Möglicherweise können auf diesem Wege auch das Marschland und die Süßwasserteiche mehr und mehr versalzen.

Vögel am Strand

Als ersten Vogel am Strand werden Sie wahrscheinlich den Sanderling entdecken: einen kleinen, weißen, hin und her flitzenden Watvogel, der kleine Tiere aufpickt, die mit den Wellen ans Land gespült werden.

Sanderlinge schlafen stehend, den Kopf unter einem Flügel, um Wärmeverluste zu vermeiden.

Austernfischer

Zu den anderen hier lebenden Watvögeln gehören der größere, schwarzweiß gescheckte Austernfischer mit seinem langen, starken, roten Schnabel, mit dem er Austern und andere Muscheln öffnet; der dunkle Kiebitzregenpfeifer, im Flug deutlich an seinen schwarzen Achseln zu erkennen; der kleine Sandregenpfeifer mit seinem hübschen schwarzen Halsband und, etwas weiter vom Spülsaum entfernt, der Seeregenpfeifer – die einzige Art, die hier am Strand brütet.

Alle Regenpfeifer haben kurze Schnäbel, mit denen sie ihre Nahrung von der Sandoberfläche aufpicken. Alpenstrandläufer haben einen etwas längeren, nach unten

Schnäbel

gebogenen Schnabel, mit dem sie den Sand nach kleinen Lebewesen durchsuchen. Der des Großen und des Regenbrachvogels ist sehr lang und nach unten gebogen; er ermöglicht es diesen Arten, tief im Sand nach Würmern oder in Felsspalten nach Krabben zu stochern. Grünschenkel und Pfuhlschnepfe haben einen leicht nach oben gebogenen Schnabel; der des Säbelschnäblers ist wie ein Säbel oder eine Ahle geformt. Ein alter englischer Name ist daher auch „Ahlenvogel".

Die Pfuhlschnepfe ist nur selten im Inland anzutreffen.

Weißkopfmöwe

Die Weißkopfmöwe wurde bis vor kurzem als mediterrane Unterart der Silbermöwe angesehen. Heute wird sie als eigenständige Art behandelt. Sie und die Heringsmöwe sind hier recht häufig.

Im Winter dürfte Ihnen auch eine der selteneren Arten, die kleine, zierliche Korallenmöwe, begegnen und weiterhin Lach-, Schwarzkopf- und Zwergmöwe.

Korallenmöwen und Darvik-Ringe

Korallenmöwe mit der Darvik-Ringnummer X5X, fotografiert am 30. März 1999. Dieser Vogel wurde 1995 im Ebro-Delta als Küken beringt und seitdem bis zum Fotodatum nicht wiedergesehen.

Darvik-Ringe und Korallenmöwen

Darvik-Ringe sind Plastikbänder, die mit per Teleskop gut erkennbaren großen Buchstaben und Zahlen bedruckt sind. Sie werden am Bein des Vogels befestigt und dienen dazu, bereits einmal erfaßte Tiere von Weitem wiederzuerkennen, ohne sie zu stören. Konventionelle Ringe bestehen aus Metall. Auf ihnen steht eine für jeden Vogel individuelle Nummer und eine Rücksendeadresse; beides kann man jedoch nur lesen kann, wenn man den Vogel in der Hand hält.

Durch das Beringen von Vögeln erhält man Informationen über ihre Wanderrouten und ihre Brut- und Winterrastplätze. Über die Korallenmöwe hat man auf diesem Weg erfahren, daß die meisten Vögel, die man hier am Strand sieht, auf den Balearen oder im Ebro-Delta aufgewachsen sind. Einige wenige stammen von den Chafarinas Inseln an der nordöstlichen Küste Marokkos. Auf Sardinien, Korsika, den Ägäischen Inseln und Zypern gibt es ebenfalls Brutkolonien. Korallenmöwen sind nur im Mittelmeerraum und an der Atlantikküste Marokkos und Südspaniens verbreitet. Ihre Population ist von etwa 3.500 Tieren in den 1980ern mittlerweile deutlich gestiegen.

Dünnschnabelmöwe – im Sommer brüten etwa 200 Paare in der Doñana. Ein Programm zur Beringung dieser Art mit Darvik-Ringen ist in Vorbereitung (1999).

Seeschwalben und andere Seevögel

Seeschwalben ähneln Möwen, haben meist aber weiße Rücken, kürzere Beine und einen lebhafteren, schwungvolleren Flug. Die häufigste Art ist an dieser Küste die Brandseeschwalbe. Im Sommer sind Zwerg- und Flußseeschwalbe und gelegentlich auch die Raubseeschwalbe hier. Trauer- und Weißbartseeschwalbe sind an ihrem dunklen Federkleid zu erkennen. Beide Arten brüten in der Marsch.

Ruhende Seeschwalben. Brandseeschwalben haben schwarze Schnäbel mit einer gelben Spitze. Die Tiere mit den längeren orangen Schnäbeln sind seltene Gäste in der Doñana: Es sind Rüppell-Seeschwalben.

Die schwarzen Trauerenten fliegen oder schwimmen in Gruppen. Kormorane und Basstölpel sieht man regelmäßig, Raubmöwen gelegentlich.

Kormorane ähneln im Flug Gänsen. Sie haben jedoch längere Schnäbel und einen anderen Flugstil.

Basstölpel

Basstölpel

Basstölpel brüten auf den nordatlantischen Inseln rings um Großbritannien. In ihrem ersten Lebensjahr sind sie dunkelbraun gefärbt und überwintern an der westafrikanischen Küste. Im Frühjahr wandern sie in den Mittelmeerraum, im Herbst wieder zurück. Im zweiten Winter zeigt ihr Gefieder bereits etwas Weiß. Jetzt sind sie nur für kurze Zeit im westlichen Mittelmeergebiet, um sich dann hauptsächlich am Atlantik aufzuhalten. Im dritten Winter überqueren sie nur selten die Straße von Gibraltar. Ihr Federkleid weist nur noch einige braune Federn auf, die sich bis zur Geschlechtsreife im folgenden Jahr völlig verlieren. Von da an überwintern Basstölpel in ihren Brutgebieten.

Farbwechsel im Gefieder der Tölpel: ein-, zwei-, dreijährig, erwachsen

Torre Carbonero – hier lohnt es sich, nach Wanderfalken Ausschau zu halten.

Wanderfalken

In einer Nische über dem Sims an der Südseite des Turmes Torre Carbonero brüten oft Wanderfalken. Diese Greifvogelart ist spezialisiert darauf, mit ihren großen Greiffüßen (den Fängen), den spitzen Flügeln und einer außerordentlich kräftigen Flugmuskulatur andere Vögel im Flug zu erbeuten – gleich einer „Armbrust im Himmel". Mit einer Spitzengeschwindigkeit von 320 km/h in Angriffsflügen dürften sie die schnellsten Tiere der Welt sein.

> **Geschlechtsabhängige Unterschiede beim Wanderfalken**
> Männliche Wanderfalken sind etwa um ein Drittel kleiner als die weiblichen und daran gut voneinander zu unterscheiden. Deshalb nennt man das Männchen auch den *Terzel*, ein Drittel ("Terz") kleiner als das Weibchen, das *Falke* genannt wird. Trotzdem haben beide Geschlechter gleich große Köpfe, denn der Schädel muß die für die hochspezialisierte, schnelle Jagd erforderlichen großen Augen beherbergen. Der Terzel ist so an seinem im Vergleich zum Rest des Körpers auffällig großen Kopf zu erkennen.
>
> Dieser *Sexualdimorphismus* ist eine biologisch interessante Anpassung: Der kleinere Terzel ist fluggewandter und jagt kleinere Vögel, der größere Falke kann Beute bis hin zur Größe einer Ente schlagen. So erbeutet ein und dieselbe Art Beute von sehr unterschiedlicher Größe und erweitert damit ihr Nahrungsspektrum.

Wanderfalke.
Bild von Dick Treleaven

Aasfresser

Werden tote Fische, Wale und Schildkröten an den Strand gespült, kümmern sich tagsüber Aasfresser wie Rabe und Schwarzmilan um deren Verwertung. Ihre Spuren im Sand zeugen davon. Schaut man genauer hin, wird man auch die Spuren von Fuchs und Wildschwein erkennen – ein Zeichen dafür, daß nachts die Arbeit von anderen getan wird.

Toter Delphin mit Spuren der Aasfresser im Sand. Flosse und Auge des Delphins sind angefressen.

Haben Sie genügend Zeit, sollte nun Ihre Fahrt landeinwärts über den ersten Dünenwall gehen. Die Stelle, an der sich der Weg gabelt, wird Casa del Inglesillo genannt. Ein kleiner Turm steht dort.

Welche Geschichte umrankt diesen Turm?

Casa del Inglesillo

Schauen Sie sich diesen Turm ganz genau an. Vielleicht finden Sie selbst heraus, welche Funktion er einmal gehabt hat, bevor Sie nachlesen. All die Informationen, die Sie in den nächsten Stunden auf Ihrer Tour erhalten, werden Ihnen dabei bestimmt weiterhelfen. Wollen Sie es gleich wissen, dann lesen Sie auf Seite 140 nach.

Doch zuerst zur Flora. Die hiesige Landschaft steht abermals im scharfen Kontrast zur vorherigen, dem feuchten, salzigen und offenen Sandstrand, von dem Sie gerade gekommen sind. Es ist nun trockener, nicht mehr so windig, und der Boden ist meist mit diesen Pflanzen bedeckt: Zedern-Wacholder, Phönizischer Wacholder, *Corema album*, Strandwolfsmilch, Stechende Grasnelke, Picards Strohblume, Dünen-Zyperngras, Kretischer Hornklee, Äthiopischer Reiherschnabel, Buschige Braunwurz, Strandhafer und Beifuß.

Vegetation auf einer windgeschützten Düne

Treibsand

Viele dieser Pflanzen haben kleine, wachsige oder eingerollte Blätter. Andere haben auf ihrer Oberfläche viele kleine Haare und sehen deshalb oft grau aus. All das sind Anpassungen an das Leben in der sengenden Sommerhitze, um Wasserverluste zu minimieren. Die Pflanzen haben außerdem heftigen Winden und Flugsand, kaltem Regen, salzigem Sprühnebel und weidenden Tieren zu widerstehen. Um letztere abzuschrecken, sind viele von ihnen bitter oder haben Dornen: Pflanzen können nicht einfach nach Hause gehen, wenn es um sie herum ungemütlich wird. Sie müssen dort überleben, wo sie gewachsen sind, und das schaffen sie oftmals mit genialen Anpassungen.

Das verfallene Haus oberhalb der Düne war früher ein Wachposten, nun wird es von einer Wanderdüne überflutet. Im frisch herangewehten Sand sind Spuren gut zu erkennen. Stehen Sie hier, befinden Sie sich also inmitten einer wandernden Düne und können sehen, wie der Sand von der dem Wind ausgesetzten Seite einer Pflanze weggeblasen wird. Er legt Wurzeln und Baumskelette frei, die vorher vom Sand begraben waren. Beachten Sie, wie weitverzweigt das Wurzelsystem des Wacholders ist. Im Windschatten, der Leeseite, wird der Sand dann wieder abgelagert.

Vom Wind freigelegte Wurzeln eines Wacholders

Zurück am Strand, fahren Sie genau auf die Mündung des großen Guadalquivirs zu. Sie war während des Spanischen Bürgerkrieges von Blockhäusern geschützt.

Mündung des Guadalquivir

Gegenüber liegt Sanlúcar de Barrameda, die Stadt, aus der der leichte, stärkende *manzanilla* stammt. Weiter rechts steht der Leuchtturm und das Dorf Chipiona.

An einer schmalen Stelle geht eine Fähre über den Fluß nach Sanlúcar. Tagesgäste können sie nutzen, um sich den hiesigen Teil des Nationalparks anzusehen. Das Überqueren des Guadalquivirs an dieser Stelle gehört zum traditionellen Pilgerweg nach El Rocío. Dann ziehen in der Woche vor Pfingsten kräftige Maultiere die geschmückten Wagen hier entlang, begleitet von Tausenden von Menschen in traditionellen Kostümen sowie ihrem *cante jondo* und *flamenco*. Mehr zu dieser Pilgerfahrt finden Sie auf den Seiten 117 und 118.

Fähre über den Guadalquivir von Sanlúcar de Barrameda

Nun verlassen Sie den Strand, fahren in den Wald und erreichen damit abermals einen völlig anderen Lebensraum.

II.3. IM WALD

Der Strand ist strahlend hell, heiß, salzig, und über den Boden weht der Sand. Im Pinienwald hingegen ist es schattig, kühl, die Luft ist feucht und der Boden stabil – abgesehen von den Fahrstreifen, die die Geländewagen hinterlassen. Hier haben sich Tiere und Pflanzen auf andere Art angepaßt. Die Vögel an der Küste haben meist ein weißes Federkleid mit vielleicht einigen grauen oder schwarzen Flecken. Ihre Füße tragen Schwimmhäute, oder sie haben lange Beine zum Waten im Wasser. Die Waldvögel sind meist braun. Sie haben kürzere Beine, und ihre Füße haben einzelne Zehen, um gut auf Zweigen sitzen zu können.

Im Wald

Im Gezeitenbereich des Sandstrandes gibt es keine wurzelnden Pflanzen; das Meer würde sie immer wieder herausreißen. Im Wald hingegen dominieren sie.

Vertikale Zonierung im Wald

Diversität

Es gibt im Wald nicht nur mehr Tier- und Pflanzenarten als am Strand, die Arten unterscheiden sich auch stärker voneinander. Die am Strand lebenden Vögel sind der Hitze und Kälte, den Wellen, dem Wind und Treibsand ausgesetzt. Ihre Nahrung finden sie im Wasser oder im Sand vergraben, und ihr einziger ernstzunehmender Feind ist der Wanderfalke. Im Gegensatz dazu ist das Leben im Wald leichter. Hier konkurrieren jedoch wesentlich mehr Tier- und Pflanzenarten ums Überleben.

Generell variieren Lebewesen weit mehr als die sie umgebenden Bedingungen. Deshalb ist der Lebensraum Wald viel komplizierter als der Strand: Ein Waldvogel kann am Boden, in der Strauchschicht oder im Blätterdach leben. Seine Hauptnahrung kann aus herauszugrabenden Würmern, fliegenden Insekten, Blättern, Samen oder Früchten bestehen. Seine Feinde können Fuchs, Luchs, Ginsterkatze, Sperber, Bussard, Zwergadler etc. sein. All diese Faktoren schaffen eine Fülle von Problemen, für die in der Evolution ebenso viele Lösungen gefunden wurden, wie es Arten gibt.

Auf den ersten paar hundert Metern kann man hier die drei Stockwerke eines Waldes deutlich erkennen: Gras und kleinere Kräuter bewachsen den Boden, der Phönizische Wacholder bildet die hohe Strauchschicht und die Schirmpinie das Blätterdach, die oberste Etage eines Waldes. Selten ist die *vertikale Zonierung* so deutlich zu erkennen, wie hier. Dringen Sie weiter in den Wald vor, werden Sie feststellen, daß diese Schichtung durch neu hinzukommende Pflanzen verwischt wird.

Pflanzen, die Sie in diesem Wald finden können
(in Abhängigkeit von der Jahreszeit):
Großblütiger Geißklee, Pfriemenginster, Mittelmeer-Seidelbast, Gelbe Zistrose, Salbeiblättrige Zistrose, Geflecktes Sandröschen, *Corema album*, Cádiz-Grasnelke, Oleander, Rundköpfiger Thymian, Rosmarin, Schopflavendel, Rutenleinkraut, Greiskraut, Wald-Greiskraut, *Arctotheca calendula*, Schopfige Traubenhyazinthe, Haarblättrige Knotenblume, Herbst-Knotenblume, Reifrocknarzisse

Säugetiere im Wald

Im Wald werden Sie wahrscheinlich die drei großen nichtdomestizierten Säugetierarten des Nationalparks zu Gesicht bekommen: das Rot- und Damwild sowie das Wildschwein. Die hiesigen Wildschweine sind vergleichsweise klein; die helleren, fleckigen Tiere sind Hausschwein-Mischlinge.

Beachten Sie die, im Vergleich zum Hausschwein, lange Schnauze dieses Wildschweins.

Kaninchen gibt es im Nationalpark relativ häufig, obwohl ihre Populationsgröße in Abhängigkeit von Krankheiten stetig steigt und fällt. Sie sind eine wichtige Nahrungsquelle für den Pardelluchs, dessen Vermehrungsrate an eine gesunde Kaninchenpopulation gebunden ist. Sehen Sie eine dieser großen, scheuen, kurzschwänzigen Katzen, dann können Sie sich außerordentlich glücklich schätzen; meist entdeckt man bestenfalls eine Spur.

Das Verbreitungsgebiet des Pardel- oder Iberischen Luchses (*Lynx pardinus*) ist auf die Iberische Halbinsel begrenzt. Sein Fell ist getüpfelt wie das eines Leo*pard*en,

Luchs

daher der Name. Der Nordische Luchs (*Lynx lynx*) lebt in Nordamerika und Eurasien; westlichste Vorkommen sind die in Mitteleuropa.

Ein großer Luchs kann eine Länge von 125 cm und eine Schulterhöhe von 70 cm erreichen. Beachten Sie seinen kurzen Schwanz und kräftigen Körperbau. Dieser hier trägt gerade ein Kaninchen fort.

Angesicht zu Angesicht sehen Sie die Haarpinsel an seinen Ohren und die Halskrause.

Luchsspur neben einem Männerschuh

Vögel im Wald

Für verschiedene Greifvogelarten wie Bussard, Zwergadler und den Spanischen Kaiseradler sind Kaninchen ebenfalls eine willkommene Nahrung, deren Jungtiere auch für Rot- und Schwarzmilan.

> **Vogelarten, die Sie im Wald und am Waldrand antreffen können** (geordnet nach zunehmender Größe):
> Sommergoldhähnchen, Zaunkönig, Cistensänger, Zilpzalp, Blaumeise, Haubenmeise, Girlitz, Stieglitz, Erlenzeisig, Gartenbaumläufer, Schwarzkehlchen, Orpheusspötter, Samtkopfgrasmücke, Kohlmeise, Mönchsgrasmücke, Grauschnäpper, Seidensänger, Kleiber, Rotkehlchen, Haussperling, Grünfink, Buchfink, Nachtigall, Rotkopfwürger, Wendehals, Einfarbstar, Buntspecht, Singdrossel, Amsel, Wiedehopf, Blauelster, Turteltaube, Grünspecht, Rothuhn, Kuckuck, Turmfalke, Eichelhäher, Ringeltaube, Elster

Nach einem kurzen Stück durch den Wald gelangen Sie zur Ruine von Casilla de Faginao und kommen dann direkt am Guadalquivir heraus.

> Das Wort *Guadalquivir* kommt aus dem Arabischen: *guad* (oder *oued, wadi*) = Flußbett mit oder ohne Wasser; *al* = der; *quivir* (oder *kebir*) = groß: Der große Fluß.
> Viele spanische Flüsse beginnen mit dem arabischen *Guad* – als Folge der 700jährigen maurischen Herrschaft über das Land.

Das Gebiet zwischen dem Flußufer und dem Weg ist baumlos, flach und mit silbergrauen Pflanzen bewachsen. Die größeren Sträucher nahe des Weges sind im Mai über und über mit auffallenden, lavendelfarbenen Blüten bedeckt. Diese Pflanzen stehen, wie die Grasnelken, dem Meerlavendel nahe. Die Stechende Grasnelke haben Sie vielleicht hinter den Dünen bereits entdeckt (siehe Seite 95)? Die gesamte Pflanzenfamilie ist an salzhaltige Standorte angepaßt. Der große Strauch ist ein Strauch-Strandflieder,

Horizontale Zonierung am Flußufer

eine Art, die es nur im Südwesten Europas und im Nordwesten Afrikas gibt; sie ist hier endemisch. Folgen Sie dem Weg etwas weiter, werden Sie andere, kleinere Meerlavendel-Arten (z.B. *Limonium diffusum*) finden.

Blühender Strauch-Strandflieder

Beachten Sie, wie viele verschiedene Pflanzen die charakteristischen Vegetationsstreifen parallel zum Ufer bilden. Einige von ihnen ertragen Salzwasser, andere können nur dort leben, wo der Boden trockener und weniger salzig ist. Diese Zonierung macht die große Konkurrenz zwischen den Lebewesen um optimale Wachstumsbedingungen deutlich. Alle diese Pflanzen würden unter weniger harten Bedingungen besser gedeihen. Dort müßten sie jedoch ihre Kräfte gegen konkurrierende Pflanzenarten einsetzen. Das, was Sie hier sehen, wird als *horizontale Zonierung* bezeichnet.

Durch den Schirmpinienwald führt Sie Ihr Weg nun zu einer weiten, durch einen verlandeten See gebildeten, ebenen Lichtung. In nassen Wintern ist sie überflutet, was sie dann zu einem idealen Futter- und Rastplatz für Wasservögel

Lichtungen

werden läßt. In trockenen Zeiten bietet die Lichtung mit den dann vorherrschenden Gräsern und Kräutern ein gutes Weideland, beispielsweise für Hirsche. Das Damwild grast hier häufiger als das Rotwild, das eher den Wald bevorzugt. Auch Wildschweine mit ihren Frischlingen, im Spanischen *rayones* („kleine Streifchen") genannt, wühlen auf der Suche nach Futter den Boden um. In der Nähe von Wildschweinen oder anderen großen Säugern sind oft auch Elstern und

Wildschweine mit Frischlingen auf einer Waldlichtung

Kuhreiher zu finden. Sie suchen im frisch umgebrochenen Boden oder direkt auf den Tieren nach ihrer Nahrung, den Fliegen und Zecken. Außerdem eignet sich der Rücken eines großen Tieres sehr gut, um Ausschau nach weiteren Futtermöglichkeiten zu halten.

Kuhreiher auf dem Rücken eines Pferdes

Lichtungen erweitern und bereichern die Lebensräume des Waldes. So entstehen Tier- und Pflanzenarten mit unterschiedlichen Anpassungen, und jede Art besetzt eine andere *ökologische Nische*. Vielleicht könnte man es auch so ausdrücken: der Lebensraum ist die „Adresse" einer Art und die Nische ihr „Job".

Ökologische Nischen

Am Rand der großen Lichtung lohnt es sich insbesondere im Sommer, nach auf den Bäumen sitzenden Greifvögeln zu suchen. Man kann sich Greifvögel als Spezialisten und Generalisten vorstellen: Der Sperber ist ein Vogel des Waldes, der sich hauptsächlich von anderen Vögeln ernährt; der Turmfalke jagt Mäuse, die auf der Wiese leben. Beide sind Spezialisten. Der Schwarzmilan, die häufigste Greifvogelart hier im Park, ist Generalist. Er jagt im Wald, auf dem Feld oder im Marschland nahezu alles bis zur Größe eines kleinen Kaninchens und nimmt auch Aas. Es kommt auch vor, daß er anderen Vögeln die Beute abjagt, die diese dann fallen lassen oder als Kropfinhalt hervorwürgen.

Im Sommer lohnt es sich auch, den Himmel abzusuchen. Gänsegeier fallen durch ihre langsamen Flügelbewegungen und Wendemanöver (ein Zeichen für ihre Größe), ihren kleinen Kopf und den recht kurzen, gefächerten Schwanz, (Stoß) auf. Der Spanische Kaiseradler hat im Vergleich dazu einen längeren, geraden Stoß und einen imposanten Kopf. Die Jungvögel dieser Art sind hellbraun, die Altvögel dunkel und leicht an ihrer unverwechselbaren leuchtend weißen Schulter- und Nackenpartie zu erkennen. Wahrscheinlich entdecken Sie auch Rotmilan sowie Zwerg- und Schlangen-adler. Wie der deutsche Name vermuten läßt, ist letzterer darauf spezialisiert, Reptilien zu jagen. Diese Beutetiere haben einen kleineren Körperumfang als Säugetiere. Deshalb sind die Zehen dieses Adlers kürzer – Kennzeichen für seinen englischen Artnamen: Short-toed Eagle: „Kurzzehenadler". In der Zeit, in der die Jungvögel im Horst gefüttert werden, kann man manchmal Alttiere sehen, aus deren Schnabel das Körperende einer Schlange hängt. Auf diesem Wege wird der Kopf der Beute von einem Elternteil bereits vorverdaut, da er für den Jungvogel selbst nur schwer zu verdauen wäre. Im Gegensatz zum Schlangenadler haben die vogeljagenden Arten wie Wanderfalke und Sperber lange Zehen, mit denen sie ihre große Beute netzartig umfassen.

Segelflug und Thermik

Unter Segelflug versteht man das Gleiten in aufsteigender Luft. Luft steigt dann auf, wenn sie gegen einen Berg stößt oder wenn das darunterliegende Land durch Sonneneinstrahlung erwärmt wird. Die aufsteigende Warmluft wird als Thermik bezeichnet. Sie wird von den segelfliegenden Vögeln der Doñana genutzt, weil es hier keine Berge gibt. Bevor sich also ein großer Vogel zum Segelflug in die Lüfte erheben kann, muß erst die Sonne ihre Kräfte entfaltet haben. Das Segeln selbst spart Energie: Es würde einen großen Vogel viel mehr Energie kosten, sich mit Hilfe der Flugmuskulatur in die zur Jagd notwendigen Höhen zu begeben, als der zu erwartende Jagderfolg rechtfertigte.

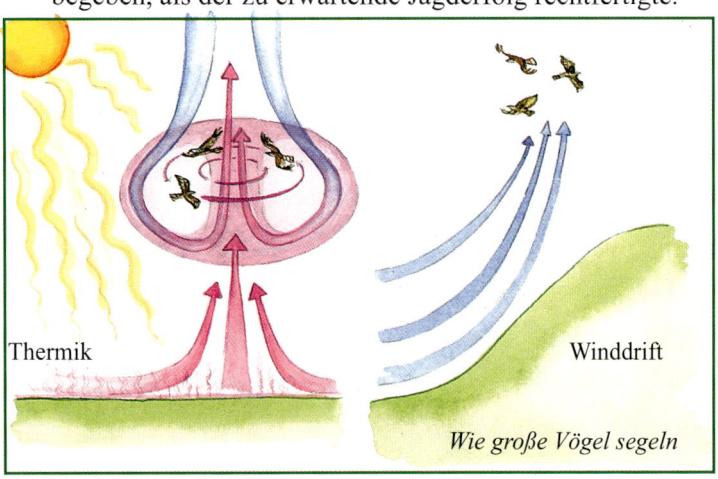

Thermik Winddrift

Wie große Vögel segeln

Große Vögel haben im Verhältnis zu ihren Flügeln eine relativ schwach entwickelte Flugmuskulatur. Deshalb ermüden sie schnell, wenn sie für längere Zeit mit den Flügeln schlagen. Große Strecken müssen sie darum entweder gleiten oder segeln. Für ihre Wanderungen von und nach Europa und Afrika bedeutet das, daß sie auf Landrouten angewiesen sind; das offene Meer hat weder Berge, noch erwärmt es sich so stark, daß eine ausreichende Thermik entstehen kann. Infolgedessen werden Meere an ihren schmalsten Stellen überquert: das Mittelmeer am Bosporus und über der Straße von Gibraltar – Grund für den spektakulären Vogelzug.

Ein Gedankenexperiment

Ein Gedankenexperiment

Stellen Sie sich einen rechtwinkligen Vogel vor, der 10 cm lang, 20 cm breit und 0,5 cm dick ist. Er hat eine Flugoberfläche von 200 cm^2, ein Volumen von 100 cm^3 und ein Gewicht von 100 g – gleiche Dichte angenommen. Damit trägt jeder Quadratzentimeter 0,5 g. Bei gleichen Proportionen und doppelter Größe hat er eine Oberfläche von 800 cm^2 und ein Gewicht von 800 g. Jeder Quadratzentimeter hat nun ein Gewicht von 1 g zu transportieren, oder mit anderen Worten: das Gewicht pro Quadratzentimeter hat sich verdoppelt. Wenn unser imaginärer Vogel nun die Größe eines Gänsegeiers hätte (dieser ist etwa 1 m lang), würde seine Oberfläche 2 m^2 und sein Gewicht 100 kg betragen: Jeder Quadratzentimeter hätte 5 g zu transportieren!

Natürlich ist dies ein sehr vereinfachtes Beispiel mit imaginären Größen. Aber es zeigt, warum große Vögel im Verhältnis zu ihrer Körperlänge breitere und dickere Flügel als kleinere Vögel haben und ein größerer Teil ihres Körpers von geringerer Dichte (Federn) ist: Denn tatsächlich haben die Flügel des Gänsegeiers eine Fläche von etwa 2 m^2, der Vogel selbst aber nur eine Körpermasse von 10 kg. So trägt jeder Quadratzentimeter etwa 0,5 g – ganz wie bei unserem imaginären Vogel zu Beginn, der damit letztlich doch eine Verbindung zur Realität hat.

Hauptwanderrouten der segelfliegenden Vögel in Westeuropa

II.4. HÜTTEN, PALÄSTE

Als nächstes halten Sie bei den *Chozos de la Plancha,* den „Hütten an der Landungsbrücke". Hier ist der Guadalquivir nahe des Ufers tief genug, so daß Schiffe anlegen können. Es kann irritieren, sieht man ein Schiff nahe der Stelle entlang fahren, wo man vor kurzem einen Reiter durch den Fluß reiten sah.

Ein Schiff passiert die Landungsbrücke.

Im Sommer halten sich am schlammigen Ufer Winkerkrabben auf. Die Weibchen haben zwei kleine Scheren, mit denen sie auf Futtersuche gehen. Die Männchen haben eine kleine und eine große Schere – letztere wird nur genutzt, um die Weibchen „heranzuwinken".

Männliche Winkerkrabbe

Die sandige Nationalpark-Halbinsel, über die Sie Ihre Tour führt, war ursprünglich gut besiedelt. Heute (1999) leben nur noch vier Familien hier. Einige gehen über den Fluß in Sanlúcar arbeiten, andere sind nach ihrer Pensionierung hierher zurückgekommen.

UND DIE MENSCHEN DER DOÑANA

In einigen aufgegebenen Hütten können Sie sich ansehen, wie diese gebaut sind. Beachten Sie den robusten Zaun, der jede Hütteneinheit umgibt. Er besteht aus gebündelter Heide und soll Haus und Garten vor Wildschweinen schützen, deren Nasen nicht nur dafür geeignet sind, sich durch den dichten Busch zu schieben, sondern auch, um die Düfte von Küchenabfällen, frischem Gemüse und Eiern aufzuspüren.

Die hiesigen traditionellen Unterkünfte bestehen aus drei Hütten, die einen überdachten Wohnbereich umgeben. In einer befindet sich die Küche bzw. das Eßzimmer, das im Winter auch das Wohnzimmer ist. Die zweite Hütte ist der gemeinsame Schlafraum, in dem das elterliche Bett von den anderen durch einen Wandschirm getrennt ist. Die dritte Hütte ist das Lager. Trinkwasser wird einem flachen Brunnen entnommen. Wie hoch der Süßwasserstand ist, können Sie an einem Brunnen nahe der Landungsbrücke sehen.

Ein typischer Hof aus der Vogelperspektive

Überdachter Wohnbereich

Traditionelle Arbeiten: Köhlern

In den Hütten ist es im Sommer kühl und im Winter warm, da sie durch die kleinen Fenster und das dicke Schilfdach gut isoliert sind. Sie haben einen Holzrahmen, der zu früheren Zeiten aus Pinienholz gebaut wurde. Heute nimmt man Eukalyptusholz, weil diese Bäume gerader wachsen. Wird jedoch die Rinde eines Eukalyptusbaumes nicht innerhalb weniger Stunden nach dem Fällen entfernt, befällt ein Bockkäfer das Holz und richtet dort erheblichen Schaden an. Solche Fraßspuren kann man an einigen der Hüttenbalken erkennen.

Köhlern

Auf dem Platz gegenüber den Hütten wird geköhlert. Man kann dort die verschiedenen Stadien der Holzkohleproduktion sehen: Als erstes trägt der Köhler trockene Holzknüppel zusammen, die er sorgfältig so dicht wie möglich um die Brennstelle zu einem kegelförmigen Meiler aufstapelt. Dieser wird dann mit Heide, Gelber Zistrose oder Schilf und schließlich mit Sand abgedeckt. Nach dem Entzünden an seiner Spitze muß der Meiler sorgfältig kontrolliert, Löcher in der Abdeckung müssen geöffnet bzw. verschlossen werden. Das dauert so lange, bis der austretende Rauch nicht mehr weiß vom Wasserdampf ist: Ziel der Köhlerei ist es, gute, rauchfreie Holzkohle als Brennstoff für den Haushalt herzustellen, und dazu müssen dem Holz Wasser, Teer, Harze und andere Substanzen entzogen werden.

Beim Bau des Meilers

Da Kohlenstoff aber brennt, besteht nun der Trick darin, die Zuluft im entzündeten Meiler so zu regeln, daß die flüchtigen Substanzen zwar verdampfen, die Holzkohle

Brennstoff Holzkohle

Der Meiler wird abgedeckt, ...

... und die letzte Schicht, der Sand, wird aufgebracht.

jedoch als nahezu reiner Kohlenstoff zurückbleibt. Dieser Prozeß dauert etwa eine Woche. Ist es so weit, wird das Feuer im Meiler mit Wasser gelöscht und die frische Holzkohle zum Begutachten ausgebreitet.

> Obwohl **Holzkohle** noch immer ein lokal begehrtes Heizmaterial und auch für Barbecues gefragt ist, ist sie für die hiesigen Menschen lange nicht mehr so bedeutend wie früher; Gas und Elektrizität haben ihre Funktion in vielen Bereichen übernommen. Dies ist gut für unsere Wälder, doch wir nutzen an ihrer Stelle fossile, d.h. nicht erneuerbare Brennstoffe wie Braun- und Steinkohle, Erdgas etc.
>
> Auf der anderen Seite der Straße von Gibraltar, in Marokko, zählt Holzkohle noch zu den wichtigsten Brennstoffen. Insbesondere die ärmeren Familien sind Meister im energiesparenden Kochen. In ihren Tontöpfen, den *Taginas*, garen die Speisen mit nur einer Handvoll Holzkohle. Die großen Eukalyptusplantagen im Norden des Landes wurden extra für die Holzkohleherstellung gepflanzt. - Mehr Energie zu benötigen, als der Körper braucht, erlaubt sich als einzige Art der Mensch.

Pinienkerne und Fischerei

Pinienkerne

Im Dezember sind die Pinienzapfen reif. Von nun an bis in den Januar hinein werden sie gesammelt bzw. mit Hilfe einer langen Stange vom Baum abgeschlagen. Die Ernte der stark verharzten Zapfen ist eine recht klebrige, doch lohnende Angelegenheit: Sie enthalten jetzt die reifen Samen, die schmackhaften „Piniennüsse" oder *piñóns*. Nach der Ernte werden die Zapfen vorsichtig geröstet, bis sie sich öffnen, dann werden die Samen herausgeschüttelt, sortiert und maschinell geknackt, um an die weichen, leckeren Kerne zu kommen. Diese schmecken leicht harzig und sind eine notwendige Zutat für *pesto*, *tapenade* und andere mediterrane Gerichte. – Daß sich die Pinienzapfen bei starker Hitze öffnen, ist eine natürliche Anpassung an einen Lebensraum, in dem häufig das Feuer wütet. So ist es der Schirmpinie möglich, ein Gebiet nach einem Brand schnell wieder zu besiedeln (siehe Seite 33).

Fischerei

Das Brackwasser der Marsch bietet reichlich Nahrung für Fische. Wenn sich das Wasser nach den winterlichen Überschwemmungen zurückzieht, sammeln sie sich in den Kanälen. Dort wurden sie früher auch in reichen Erträgen in verschiedenartigen Reusen und Netzen gefangen. Heute ist das Fischen im Nationalpark nicht mehr erlaubt. Auf diese Weise werden die natürlichen Nahrungskreisläufe erhalten, die wiederum sowohl die große Artenvielfalt als auch die große Anzahl an Tieren bedingen, die man in der Doñana sehen kann.

Wasservogeljagd

Die Jagd auf wilde Gänse und Enten gehörte einst zur bedeutendsten ländlichen Beschäftigung – den ärmeren Familien diente sie zur Nahrungsbeschaffung, den Wohlhabenderen als Sport.

Wasservogeljagd und Viehwirtschaft

Für beide Seiten war es bei der Jagd am wichtigsten, so viele Vögel wie möglich zu erlegen. Dazu wurden Fangnetze, Schlingen, lange Gewehre, mit denen der Jäger aus einem Boot heraus feuerte, und Versteckpferde eingesetzt: Während ein Pferd mit erhobenem Kopf von den bejagten Tieren als verdächtig wahrgenommen wird, beruhigt ein Pferd mit gesenktem Kopf, da es offensichtlich grast. Daher band der Jäger seinem Pferd den Kopf eng an die Vorderbeine. Dann näherte er sich seiner Beute, wobei er neben seinem Pferd lief und dabei seine Beine im Gleichschritt mit denen des Pferdes bewegte. Auf Schußentfernung herangekommen, feuerte er über dessen Widerrist – eine Prozedur, die ausgesprochen starke Pferdennerven voraussetzt.

Viehwirtschaft

Die halbwilden Rinder und Pferde der Marsch haben private Eigentümer, die die Tiere in regelmäßigen Abständen zum Verkauf zusammentreiben. Begegnet man einem Marschrind, so sollte man vorsichtig sein und an einen schnellen und sicheren Rückzug denken: Diese Tiere wissen, warum sie Hörner haben, und sie setzen sie auch ein!

Marschrind

Imkerei und Jagd

Imkerei

Sie gehört zu den ältesten lokalen Gewerken im Bereich des Nationalparks. Der traditionelle Korkröhren-Bienenkorb besteht aus einem dicken Korkeichenstamm, dessen hölzernes Inneres verfault ist. Etwas anspruchsvoller sind diejenigen, die aus mehreren Korktafeln zusammengefügt sind. Doch keinem der beiden kann man die Honigwaben entnehmen, ohne das Bienenvolk zu zerstören.

Traditionelle Korkröhren-Bienenkörbe

In modernen Bienenkörben, im Spanischen *mobiles*, lagern die Bienen den Honig nicht in den Brutwaben, sondern in separaten Honigwaben ab, die gesondert und ohne größere Störungen für das Bienenvolk entnommen werden können.

Jagd

Der Palacio de las Marismillas, das „Herrenhaus der kleinen Marsch", den Sie nun passieren, ist eine komfortable Jagdhütte, die im Jahre 1912 vom Herzog und der Herzogin von Tarifa gebaut wurde. Zu dieser Zeit war bei der sporttreibenden Aristokratie der Englische Landhausstil gerade in Mode.

Jagdgesellschaften waren bei den wohlhabenden Leuten die üblichste Form der ländlichen Vergnügungen. Eine Reihe von Adligen nutzte dafür die Doñana bereits seit dem 13. Jahrhundert. Und gerade aus diesem Grund, dem Schutz eines Gebietes zu Jagdzwecken, ist sowohl die Doñana als auch manch andere wildreiche und wunderbare Gegend Europas überhaupt erhalten geblieben.

Palacio de las Marismillas

Palacio de las Marismillas

Abel Chapman widmet drei Kapitel seines Buches *Unexplored Spain* der Jagd. Kennzeichen für einen erfolgreichen Tag war die Menge an erlegten Tieren. Damals wurden täglich bis zu 60 Gänse pro Jäger geschossen. Dies sei „... möglicherweise weltweit unübertroffen ...", so Chapman. Pro Mann und Tag wurden auch 224 Enten und drei Gänse bzw. 235 Pfeifenten, zehn Löffelenten, 18 Spießenten, sechs Schnatterenten, zwei Krickenten, eine Marmelente und eine Gans erlegt; an drei aufeinanderfolgenden Tagen 346 Enten. Trotzdem schätzte man die Anzahl der an einem Tag gesehenen Vögel noch auf eine halbe Million. Und in der Tat: Diese Jäger hatten keinen Einfluß auf die wilden Populationen im Vergleich mit der stillen aber weitaus gefährlicheren Waffe Pestizid, die wir heute anwenden.

Heute wird der Palacio de las Marismillas als Arbeits- und Tagungsort für Wissenschaftler genutzt.

Hinter dem Palacio ist noch ein kleiner Bestand Camaldoni-Fieberbäumen, einer Eukalyptusart, zu finden. Sie sind Relikte einer Gesetzgebung aus den 1950er Jahren, die zum Auslöser für die ersten Vorschläge wurde, die Doñana in Form eines Nationalparks zu schützen (siehe Seite 70).

Entwipfeln von Bäumen

Entsprechend der heutigen Nationalparkpolitik werden sämtliche Eukalyptusbäume entfernt und an deren Stelle ausschließlich einheimische Bäume gepflanzt.

> **Entwipfeln**
>
> Die Eukalyptusbäume hinter dem Palacio de las Marismillas haben nicht mehr ihre natürliche Wuchsform; sie wurden entwipfelt, d.h. etwa auf Kopfhöhe gekappt oder „geköpft".
>
> Die moderne Form des Entwipfelns besteht darin, alle Äste gleichzeitig abzusägen. Wenn das den Baum nicht sofort tötet, ist es für ihn dennoch ein schwerer Schock. Die Holzproduktion stoppt meist für Jahre, und sein Stamm ist grotesk verstümmelt. Eine weitaus bessere Methode ist es, nur ein bis zwei Äste von jedem Baum abzunehmen und die Kronen ansonsten stehen zu lassen. Dies unterbricht die Holzproduktion kaum und beläßt den Wald in seiner Schönheit.

Die Pilgerfahrt von El Rocio

Die Pilgerfahrt von El Rocío

In der Woche vor Pfingsten sind Touren durch das Innere des Nationalparks nicht möglich. In dieser Zeit überqueren Zehntausende von Menschen mit ihren Pferden und Kutschen den Guadalquivir bei Sanlúcar de Barrameda und reisen auf uralten Pfaden durch die Wälder und Dünen der Doñana nach El Rocío. Hunderttausende kommen auf anderen Wegen hierher, und über mehrere Wochen ist das Umland bedeckt von leuchtend bunt geschmückten Kutschen aus ganz Spanien: Das sind die *Rocieros,* und das ist die Pilgerfahrt von El Rocío. Am Pfingstsonntag sind mehr als eine Million Menschen hier. Dann wird in einer emotionsreichen Prozession die Jungfrau Maria, *Nuestra Señora del Rocío*, durch das Dorf getragen.

Nuestra Señora del Rocío *beim Umzug durch El Rocío*

Ursprünge der Pilgerfahrt

Die eigentlichen Ursprünge der Pilgerfahrt verlieren sich im Dunkel der Geschichte. Doch gibt es eine reizvolle Legende, die sich um einen Schäfer rankt: Er soll im hohlen Stamm eines alten Olivenbaumes die Statue der Jungfrau Maria gefunden haben, woraufhin der Olivenbaum zum Heiligtum wurde. Realistischer erscheint eine andere Variante: El Rocío lag direkt am Weg von der phönizischen Stadt Cadiz hin zu den Minen am Río Tinto. Als später König Alfonso X. hier häufig jagte, ließ er in El Rocío einen Schrein für die Heilige Jungfrau Maria errichten.

Da die Einsiedelei der Heiligen Jungfrau Maria in El Rocío nahe der Handelsroute der Königreiche Sevilla und Niebla lag, verbreitete sich ihre Berühmtheit schnell. Sie wurde zur Patronin von Almonte. Im Jahre 1653 wurde die fromme Bruderschaft (Hermandad) von Almonte in El Rocío gegründet. Zu dieser Zeit nahm die Pilgerfahrt ihre heutige Form an. Benachbarte Ortschaften gründeten nach und nach ihre eigenen Bruderschaften und bauten ihre Unterkünfte für die Pilgerzeit in El Rocío. An vielen Häusern kann man noch heute ihre Namen lesen. Es gibt eine strikte Hierarchie der Bruderschaften, die von ihrem Gründungsdatum abhängig ist. Sie beginnt mit Villamanrique, Pilas, La Palma, Moguer, Sanlúcar usw. - Almonte aber steht über allen.

Die Bruderschaft von San Juan del Puerto in El Rocío

Kirche zur Heiligen Jungfrau des Taus

Die Kirche zur Heiligen Jungfrau des Taus in El Rocío, im Vordergrund Flamingos in den Wassern der Marsch

II.5. MARSCH UND JAHRESZEITEN

Ihr Weg führt Sie nun einige Kilometer durch den Wald nach Rincón del Membrillo, der „Quittengegend". Die weite Ebene, die Sie von hier aus sehen, wird Lucio del Membrillo genannt. Ein *lucio* ist eine Bodensenke, in der auch noch in den heißen Sommermonaten etwas Wasser steht – als spärlicher Rest der einst unermeßlichen Lagune.

Im Winter: Wasservögel über der Marsch

Etwas weiter entfernt deuten einige Häuser und ein Salzhügel auf das Flußufer und die dort gelegene Saline hin, wo durch Verdunstung des Meerwassers Salz gewonnen wird. Das gegenüber liegende Ufer ist leicht hügelig und gehört zur Provinz Cadiz.

Zu Ihrer Linken dringen die Dünen mit dem Treibsand in die Marsch vor. Hinter den Dünen liegt ein Waldstreifen, der Punta del Caño heißt. Hier nistet manchmal der Spanische Kaiseradler, und so lohnt es sich, den Horizont gründlich nach ihm abzusuchen. Morgens, wenn die Sonne langsam den Tag erwärmt, kann man manchmal beobachten, wie er zum Segelflug in die Lüfte aufsteigt.

Lucios und Ojos

Das Wasser in einem Lucio ist leicht salzig. Dies fördert bei optimaler Temperatur das Wachstum mikroskopisch kleiner Pflanzen. Sie sind das Futter für kleine Tiere, die sich unter geeigneten Bedingungen explosionsartig vermehren. Dieser plötzliche Nahrungsüberfluß zieht wiederum Vögel an, die sich dann oft in riesigen Scharen hier versammeln – in einem Januar waren schätzungsweise 100.000 Enten.

Im Sommer: Die Marsch bei Punta del Caño

Im Spätsommer ist die Marsch ausgetrocknet, und man kann über die nun glühend heiße Schlammfläche rund um Punta del Caño bis nach Vetalengua fahren. Wenn Sie dies tun, sollten Sie unbedingt nach einem *ojo* („Auge"), einem Süßwasserloch im Schlammboden, Ausschau halten. Ein Ojo wird von unterirdisch in Richtung Meer abfließendem Regenwasser gebildet, wenn es an dünnen Stellen von unten durch den Boden bricht.

Die Station Vetalengua

Da Ojos sehr tief sind, ist es zur eigenen Sicherheit gut zu wissen, wo sie sich befinden – insbesondere dann, wenn die Marsch noch einige Zentimeter mit Wasser bedeckt ist. Oft signalisieren die Spuren trinkwassersuchender Tiere die Nähe eines Ojos.

Ein Ojo in der ausgetrockneten Marsch

Vetalengua ist der Name einer sandigen Landzunge, die in das Marschland hineinragt. Hier steht ein Gebäude, das eine Wohnung für den Naturwart, einen Beobachtungsraum und WCs beherbergt. Letztere funktionieren oft nicht bei hohem Wasserstand.

Die Beobachtungsstation Vetalengua

Meerzwiebel

Vom flachen Dach des Gebäudes hat man eine exzellente Sicht über das Marschland und in Richtung Süden nach Punta del Caño – ein ausgezeichneter Platz, um die kolossalen Veränderungen in der Natur wahrzunehmen und einzuschätzen, die die Doñana mit den Jahreszeiten durchlebt. Vetalengua eignet sich auch vorzüglich als Picknickplatz.

In Nordeuropa ist der Frühling mit einer Welle von Pflanzenwachstum und einer zunehmenden Aktivität der Tiere verbunden. In Andalusien ist eine solche Welle auch im Herbst zu beobachten, wenn der erste Regen auf den warmen Boden fällt. Nahezu in Vorahnung dessen, und vielleicht ausgelöst durch einige kühlere vorangegangene Nächte, schiebt jetzt die zu den Hyazinthen gehörende Meerzwiebel ihren fast unheimlich wirkenden, rosafarbenen nackten Stengel aus einer riesigen Zwiebel. Sie entfaltet an einer langen Rispe ihre sechsblättrigen weißen Blüten, die sich von unten nach oben öffnen. Noch bevor die Pflanze ihr breites, dunkelgrünes und riemenartiges Laub entwickelt, wirft sie ihre reifen Samen ab, und der Blütenstengel verwelkt.

> **Scillaren**
> Die Meerzwiebel enthält eines der stärksten natürlichen Gifte: das zu den digitalisähnlichen Glykosiden gehörende Scillaren. Es löst im Säugetierorganismus sofortigen Herzstillstand aus. Diese Eigenschaft macht Scillaren aber auch zu einem wertvollen Medikament für die Behandlung von Herzflimmern: In extremer Verdünnung verlangsamt es den Herzschlag – man muß nur die richtige Dosis finden.

Meerzwiebel

Narzissen im Herbst

Zwei andere Herbstblüher sind die zarte, weiße Spätblühende Narzisse mit ihrer erst hellgrünen, dann orange gefärbten Nebenkrone und ihre nahe Verwandte *Tapeinanthus*. Die Öffnung der kleinen gelben Blüten von *Tapeinanthus* zeigen nach oben, was für Narzissen ungewöhnlich ist. Die Pflanzengattung *Narcissus* entwickelte sich im Süden Andalusiens und in Nordafrika. Von dort verbreitete sie sich im Mittelmeerraum. Deshalb gibt es hier so viele endemische Arten, die meisten davon in den Bergen. Ebenfalls in die Gattung der Narzissen gehört die Herbst-Knotenblume, die den Waldboden der Doñana zeitweise mit einem weißen Blütenteppich bedeckt.

Spätblühende Narzisse

Tapeinanthus

An einem schönen Herbsttag kann man manchmal am Rand des Marschlandes Schwärme von Libellen sehen, die sich auf den Pflanzen ausruhen. Sind auch rote Tiere dabei, handelt es sich sehr wahrscheinlich um die Frühe Heidelibelle. Die Larven dieser Art leben im Wasser. Um sich zum fliegenden erwachsenen Insekt zu verwandeln, klettern

Frühe Heidelibelle

Herbst-Knotenblume

sie an Pflanzenstengeln nach oben aus dem Wasser. Dort zerplatzt ihre bisherige Körperhülle, und das ausgewachsene Tier erscheint. In den ersten Wochen fliegen sie bereits weite Strecken und ernähren sich von kleineren fliegenden Insekten, die sie mit ihren korbartig zugreifenden vorderen Gliedmaßen fangen. Während ihrer Wanderung in Richtung Süden werden sie geschlechtsreif und überqueren die Straße von Gibraltar, um sich in Afrika fortzupflanzen. Im Frühling kehren Schwärme junger erwachsener Libellen zurück. Manchmal sind dann Strände rosa von den Tieren gefärbt, die es nicht geschafft haben.

Frühe Heidelibelle

Hirschbrunft

Der September ist die Zeit der Rothirschbrunft. Mit seinen Rufen, dem Sühlen und dem Zusammentreiben der Kühe signalisiert ein dominanter Hirsch den anderen seine überlegene Stärke und daß es sich deshalb nicht lohnt, ihm den Kampf anzusagen. Sein Verhalten zieht die weiblichen Tiere an und fördert ihre Paarungsbereitschaft. Die Brunft des Damwildes erfolgt etwa einen Monat später.

Ein rufender Rothirsch

Während des Winters ist das Marschland meist vom Regenwasser überflutet. Da jedoch die Bodentemperatur sinkt, wird ein starkes Pflanzenwachstum verhindert. Doch im Vergleich zum Winter im nördlichen Europa ist der hiesige mild. Nahrung ist in ausreichendem Maße vorhanden, und so wandern unzählige Vögel in die Doñana. Das rosa Band, das man manchmal am Horizont sieht, sind vielleicht einige der mehr als 12.000 Flamingos, die hier überwintern.

Im Frühjahr sind die ansteigenden Temperaturen und Wasser im Überfluß die Auslöser für eine neue Welle erwachenden Lebens. Alles strebt danach zu wachsen und sich zu vermehren. Überall blühen Blumen, summen Insekten,

Strandsimse

drängeln sich die Frösche in den Teichen, beginnen die Vögel mit ihrem Brutgeschäft, und auch die Frischlinge der Wildschweine werden in dieser Zeit geboren.

In manchen Jahren brüten auf der Halbinsel Vetalengua Lachseeschwalben.

Wo der Salzgehalt geeignet ist, ist die Strandsimse die dominierende Pflanze der Marsch. Dort bedeckt sie dann Quadratkilometer in Monokultur. Sie wächst ausgesprochen kräftig, blüht und samt sich aus. Nachdem sie ausreichend Nährstoffe in ihrer Wurzel gespeichert hat, sterben die oberirdischen Pflanzenteile in der Trockenheit des Sommers ab. Im Spätsommer sind es die Wildschweine, die nach ihren im Spanischen *castañuela* genannten Wurzeln den Boden durchwühlen. Im Winter sind es die Graugänse, die diese wertvolle Nahrung ebenfalls zu schätzen wissen. Regnet es jedoch im Winter nicht ausreichend, um das Marschland aufzufüllen – wie in den Jahren 1990 bis 1995 und 1998 –, dann gedeiht im darauffolgenden Jahr die Strandsimse nicht, und Tausende von Gänsen verhungern.

Von der Strandsimse bedecktes Marschland

Die Vera

Wenn die Sommerhitze das Marschland ausgedörrt hat, erkennt man die sogenannte *vera*, eines der bedeutendsten Ökosysteme der Doñana. Sie ist der Grenzstreifen zwischen den Dünen und den glühend heißen, ausgetrockneten Schlammflächen der Marsch. Pflanzen, wie Gräser und Schilf, wachsen hier auch dann noch, wenn ringsumher alles andere vertrocknet ist. Damit wird die Vera zum nahezu einzigen Weideland für alle größeren Säugetiere.

Die Vera

Nicht alle Tiere sind im Sommer aktiv. Trocknet das Land aus, sammeln sich Schnecken an Zaunpfählen oder hohen Pflanzenstengeln. Sie verschließen dann ihr Haus mit einer Membran als Verdunstungsschutz und überleben so die Sommerdürre in Trockenstarre, wie andere kleine Tiere den Winter „verschlafen".

Schnecken in Sommerruhe

Übersommern und Überwintern

Sowohl in der Sommer- als auch in der Winterruhe stellen Tiere fast alle ihre Lebensfunktionen ein. Sie nehmen dann weder Wasser noch Nahrung auf und atmen sehr langsam.

> **Übersommern (Aestivation) und Überwintern (Hibernation)**
> Auch die reichen Römer zogen sich im heißen mediterranen Sommer in ihre kühlen Villen in den Bergen zurück. Diese Refugien nannten sie *aestivare* (lat.). Als *hiberna* wurden die Winterquartiere der römischen Armee bei Feldzügen im Norden des Reiches bezeichnet. Hierher zog man sich zurück, da man die Wintermonate für die Kriegsführung als weniger geeignet hielt.

Der streifenlose Mittelmeer-Laubfrosch.

Natürlich gedeihen Tiere und Pflanzen bei ausreichendem Wasserangebot und ausgeglichenen Temperaturen am besten. Meist ist der Winter aber zu kalt und der Sommer zu trocken. So haben Lebewesen Strategien entwickelt, ungünstige Lebensbedingungen möglichst schadlos zu überstehen: Sie werden entweder dagegen widerstandsfähig, überwintern bzw. übersommern inaktiv in einer für sie angepaßten Form, oder sie verlassen ihren Lebensraum für diese Zeit und gehen auf Wanderung.

Wandernde Graugänse und Distelfalter

Das Lärmen der Gänse über der Marsch und ihr keilförmiges Flugbild am Winterhimmel gehören unweigerlich zur Doñana. Die Graugänse wandern aus dem Norden hierher, um dem harten Winter in ihren dortigen Brutgebieten zu entfliehen – oder vielleicht andersherum: Nur zum Brüten ziehen sie in Richtung Norden, wo sie dann im dortigen Sommer einen üppig gedeckten Tisch vorfinden.

Graugänse auf ihrem Zug aus dem hohen Norden Europas

Zugverhalten kann viele Formen haben. Bei den Graugänsen ist es so, daß jedes Jahr die gleichen Individuen die gleichen Wege ziehen. Anders verhält es sich mit dem Distelfalter: Nehmen die Tage an Länge zu, fliegen erwachsene Tiere in Richtung Norden. Dort legen sie ihre Eier ab und sterben. Aus den Eiern werden erst gefräßige Raupen, dann Puppen und schließlich die geflügelten Insekten. Werden die Tage im Herbst kürzer, wandern diese auf der Suche nach Futterpflanzen wieder in Richtung Süden und setzen so den endlosen Kreislauf fort.

Distelfalter

Der Monarch und die Spanische Flagge

Der Monarch ist ein ursprünglich in Nordamerika beheimateter Schmetterling. Er wandert dort regelmäßig zum Überwintern von den großen Seen nach Mexiko. Im Frühjahr ziehen die selben Individuen wieder zurück, um ihre Eier an der giftigen Seidenpflanze abzulegen, die wegen ihrer roten und goldfarbenen Blüten im Englischen auch *Spanish Flag* („Spanische Flagge") heißt. Von deren Laub ernähren sich die Raupen, die sich dort auch verpuppen. Die Giftstoffe dieser Pflanze sind für Raupe und Schmetterling nicht nur unschädlich – durch diese werden Raupe und Schmetterling für andere Tiere ungenießbar und so vor dem Gefressenwerden geschützt. Wegen ihres hübschen Aussehens wurde die Seidenpflanze auf den Kanarischen Inseln, Madeira und in Europa eingebürgert. So konnte der sehr flugtüchtige Mon-

Monarch an der Blüte einer Seidenpflanze

arch auch diese Lebensräume besiedeln. Manchmal findet man hier sogar seine Nachkommen, die jedoch selten den europäischen Winter überleben. Einige Kolonien haben sich 1998 auch an der spanischen Südküste etabliert. Nach dem milden Winter diesen Jahres wurden dann weitere Kolonien entdeckt, und so sind erwachsene Schmetterlinge in Andalusien einschließlich der Doñana mittlerweile recht häufig zu finden.

II.6. DÜNEN UND CORRALS

Von Vetalengua aus führt Sie Ihre Tour erst parallel zur Küste und den Dünenzügen in nordwestlicher Richtung und dann seewärts quer durch die Wanderdünen. Die Kuppe der ersten großen Düne, die Sie erreichen, wird Ihnen wie eine weite Saharalandschaft erscheinen. Im Frühling ist sie mit Gänsekot besprenkelt, weshalb sie auch Cerro de los Ansares („Gänseberg") heißt. Hier haben Abel Chapman und seine Freunde die reichste Jagdbeute gemacht. Eine der größten Schwierigkeiten bestand darin, von den wachsamen Gänsen auf der offenen Düne unentdeckt zu bleiben. Sie lösten das Problem, indem sie eine Tonne versenkten, in die sie sich hineinsetzen konnten, ohne im weichen Sand zu versinken.

Cerro de los Ansares, der Gänseberg

Schnäbel und Mägen
Cerro de los Ansares ist ein traditioneller Ort für überwinternde Graugänse, die hier den sogenannten *Mühlensandstein* oder *Grit* aufnehmen. – Hätten Vögel Zähne, würden sie vorderlastig und damit nur bedingt flugfähig sein, wie man es für ausgestorbene flugfähige Reptilien experimentell nachweisen konnte. Deshalb haben sie anstelle des schweren Kiefers und der Zähne einen leichten Hornschnabel. Doch auch Vögel müssen ihre Nahrung zerkleinern, um sie aufzuschließen und an die wertvollen Inhaltsstoffe zu gelangen. Und das erfolgt im starken Muskelmagen, der relativ weit hinten, etwa am Schwerpunkt in Flughaltung, gelegen ist. In ihm fungieren dann der mit dem Futter aufgenommene Sand und kleine Steine wie Mühlsteine – *Grit* als eine andere Art von Zahnersatz.

Dynamische Geografie der Doñana

Wenn man vom Gänseberg herunterkommt, gelangt man zu einem scharf abgegrenzten Stück Pinienwald inmitten der Dünen – einem Dünental oder *corral*. Rechterhand stehen zwei große Schirmpinien, die ein konischer Sandhügel umgibt. Solche Bäume werden *testigo (*„Zeuge") genannt, denn sie waren Zeuge, als sie von einer Wanderdüne überflutet wurden. Vielleicht hilft Ihnen dieses Wissen zur Lösung des Rätsels um Casa del Inglesillo auf Seite 94?

Im starken Kontrast zu den Wanderdünen sind die Corrals dicht mit Schirmpinien und anderen Pflanzen bewachsen.

Schirmpinien, die zu Zeugen einer Wanderdüne wurden

Man sieht Dutzende verschiedener Arten auf einen Blick, dazu unzählige Tierspuren im Sand. Die im Gegensatz zu den eng benachbarten Dünen schier unermeßliche Komplexität dieses Lebensraumes ist fast verwirrend. Durchqueren Sie das Tal bis zur nächsten Düne, und halten Sie auf deren Kuppe, um dort den Geländewagen für eine kurze Wanderung zu verlassen.

Rippelwellen und Dünensand

Hier oben auf der Düne wirkt alles viel schlichter. Versuchen Sie einmal, alle Eindrücke bewußt wahrzunehmen. Das heißt, Ausschau halten, sehen und nachdenken über das, was man gesehen hat. Und Sie werden an diesem scheinbar öden Ort viele Dinge entdecken.

Rippelwellen im Sand und eine Mäusespur

Die Rippelwellen im Sand sind Dünensysteme *en miniature*. Bläst der Wind kräftig, dann können Sie beobachten, wie sich die kleinen Berge in Minutenschnelle vorwärts bewegen, wenn Sie ein Stöckchen in den Boden stecken und die Sandbewegungen verfolgen.

Was sind aber die dunklen Partikel im Sand? Einige Leute meinen, dies seien pflanzliche Reste. Doch wenn Sie eine Handvoll Boden aufnehmen und vorsichtig den Sand wegblasen, werden auf Ihrer Hand tiefrote Kristalle zurückbleiben, die schwerer als Sand sind und daher kaum Pflanzenbestandteile sein können. Durch eine Lupe betrachtet, erkennen Sie, daß es tatsächlich Mineralien sind. Schauen Sie nun genau zum Boden, sehen Sie, daß diese Kristalle sich zwischen den Rippelwellen ansammeln, dort, wo der Wind den leichteren Sand bereits weggeblasen hat.

Strandhafer

Dickblättrige, glänzende und aromatische Pflanzen wachsen hier, wie beispielsweise der Meerfenchelblättrige Beifuß.

Strandhafer

Die dominierende Pflanze ist aber der Strandhafer mit seinen feinen, sehr langen Blättern.

Die Blätter des Strandhafers sind bei großer Trockenheit und Hitze zylinderförmig eingerollt. Ein Schnitt durch das Blatt enthüllt sie als Anpassungen gegen zu hohe Wasserverluste: Eine dicke, undurchlässige Kutikula bildet die Außenseite; die Atemporen liegen in kleinen Gruben und nur auf der Innenseite; kleine Härchen im Inneren des Zylinders verhindern starke Luftbewegungen. – Ist die Luft feucht, entrollt sich das Blatt wieder.

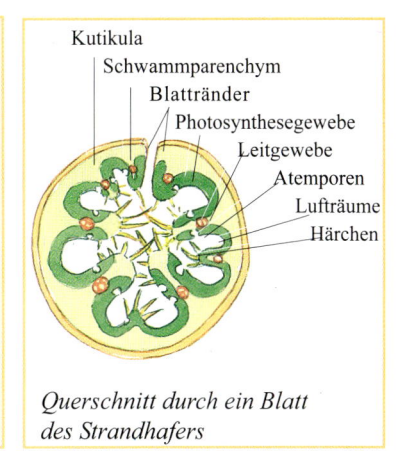

Kutikula
Schwammparenchym
Blattränder
Photosynthesegewebe
Leitgewebe
Atemporen
Lufträume
Härchen

Querschnitt durch ein Blatt des Strandhafers

Wanderdünen

Bereits eine Pflanzendecke aus Strandhafer verhindert, daß Dünen wandern. Noch bis zum 16. und 17. Jahrhundert waren die seewärts liegenden Dünen mit Wacholderbäumen bewachsen. In dieser Zeit ruhten die Dünen. Dann wurden die Bäume als Bau- und Feuerholz gefällt. Damit wurde die lebende Haut der Dünen zerstört, und der Wind konnte sie wieder in Bewegung setzen.

Die Pinienzapfen, Rindenstücke und fast oder ganz abgestorbenen Äste, die manchmal auf den Dünenkuppen zu finden sind oder aus dem Sand herausragen, gehören zu den Kronen der Bäume, die gerade vom Treibsand überflutet werden.

Spitze eines abgestorbenen Baumes in einer aktiven Wanderdüne

Wenn Sie zum Rand der Düne laufen, sehen Sie ostwärts einen Corral liegen. Bei starkem auflandigen Wind können Sie hier beobachten, wie der Sand den Hang hinunterrieselt und so den Corral langsam aber stetig zuschüttet.

Baumkronen

Eine Wanderdüne, die in einen Corral eindringt

Etwas weiter zu Ihrer Rechten stehen einige buschige Pflanzen. Es sind die Kronen von Schirmpinien im wandernden Sand der Düne, auf der Sie gerade stehen. Bleiben die Kronen lange genug über dem Sand, wird der landeinwärts gerichtete Seewind ihre Stämme nach und nach wieder freilegen, und die Bäume können weiterleben. Auf diesem Wege würden sie sich zu den anderen Zeugenbäumen

Altersstruktur der Bäume im Corral

Blick über einen Corral auf einen Zeugenbaum. Im Vordergrund ist ein bereits abgestorbener Baum zu sehen.

Am gegenüberliegenden Ende des Corrals, der Rückseite einer weichenden Düne, kann man weitere Zeugenbäume erkennen. Abgesehen von jenen, dürfte Ihnen auffallen, daß die Schirmpinien dort jünger sind als die, die direkt vor Ihnen stehen. Grund dafür ist, daß in dem Zuge, wie die Düne weicht, sofort die Sämlinge der Schirmpinien keimen und zu kleinen Bäumen werden. Begünstigend wirkt, daß der Seewind nur den trockenen Sand weiter bläst; der feuchte verbleibt hier vorerst und dient als optimales Samenbett. Damit sind die Bäume, die von der Rückseite einer Düne weiter entfernt sind, älter als die, die nahe an ihr stehen.

Die Dünen der Doñana wandern bis zu sechs Meter pro Jahr. Sie überfluten unerbittlich die Landschaft, ertränken Bäume und füllen die Corrals auf ihrem Wege, bis sie eines Tages das Marschland selbst bedeckt haben werden.

Evolution

Hat ein Baum eine Wanderdüne überlebt, ist er den anderen Bäumen in drei wesentlichen Merkmalen überlegen: (1) Er ist größer als sie und produziert daher auch mehr Zapfen. (2) Bis zum Überfluten durch die nächste Wanderdüne hat er ein bis zwei Jahrhunderte Zeit, Samen und damit neue Nachkommen hervorzubringen. (3) Das wichtigste Merkmal: Seine Samen tragen sein Erbmaterial. Das heißt, daß die Bäume, die daraus hervorgehen, wahrscheinlich schnell genug wachsen werden, um den Durchzug einer Wanderdüne ebenfalls zu überleben.

Dazu einige Gedanken und Beobachtungen: Angenommen, jeder Zapfen enthält rund 50 Samen, und jeder Baum produziert pro Jahr 100 Zapfen 100 Jahre lang, bis er von einer Wanderdüne verschüttet wird, dann wird jeder Baum 500.000 Samen erzeugt haben. Überlebt nur ein Nachkomme seinen elterlichen Baum, so bleibt die Baumpopulation konstant. Haben Sie wahrgenommen, daß der Abstand zwischen den Bäumen in allen Corrals immer etwa der gleiche ist? Deshalb ist die Anzahl der Bäume, die dort wachsen können, begrenzt. Und: Kein Baum gleicht dem anderen, und das nicht nur äußerlich. Oft sind es andere Eigenschaften, z.B. eine starke Widerstandsfähigkeit gegen Krankheiten oder eine hohe Wachstumsrate. Hat also ein Corral einen Bestand von 1.000 Bäumen, dann werden jährlich 500 Millionen Samen produziert. Verändert sich seine Fläche nicht, muß die Population konstant gehalten werden, d.h., nur ein Nachkomme pro Baum darf überleben, und 499.999.000 Samen können sich nicht zu Bäumen entwickeln.

Aus diesen Beobachtungen und deren Schlußfolgerungen kann man wie folgt zusammenfassen:

Fakt 1: Die Nachkommen sind zahlreicher als ihre Eltern.

Fakt 2: Populationen stabilisieren sich letztendlich oder nehmen ab,
  deshalb sterben einige Individuen, bevor sie sich fortpflanzen können.

Fakt 3: Individuen variieren in ihrem Erscheinungsbild, ihrer Vitalität, Langlebigkeit, Fortpflanzungsfähigkeit und in vielen weiteren Eigenschaften,
  deshalb werden sinnvolle Eigenschaften eher vererbt als solche, die für die Art keinen Fortschritt bedeuten.

Diese drei Fakten und ihre Ableitungen sind die Basis für Charles Darwins Theorie der natürlichen Selektion. Keine bekannte Tier- und Pflanzenart macht hier eine Ausnahme, auch nicht der Mensch.

Noch einmal Casa del Inglesillo

Ihr Weg führt Sie nun am Strand entlang zurück nach Acebuche. Hier am Strand haben Sie nochmals die Möglichkeit, das Rätsel um Casa del Inglesillo zu lösen.

Nicht gelöst? Dann schauen Sie sich den „Turm" nochmals genau an: Er scheint in mehreren Etappen gebaut worden zu sein. Oben an seinem Rand auf der dem Land zugewandten Seite befindet sich eine Öffnung. Darunter ist das Mauerwerk herausgebrochen worden*. Warum? Um an Wasser zu gelangen! Casa del Inglesillo ist ein Brunnen – und ein von Menschenhand geschaffener *testigo*. Ursprünglich wurde er in den Boden eines Corrals gegraben, dort, wo man dem Grundwasser am nächsten war. Eine heranrollende Wanderdüne machte es dann notwendig, ihn insgesamt dreimal aufzustocken. Nachdem die Düne vorbeigezogen war, wurde der Brunnen zu hoch, und es mußte nun der zuletzt gemauerte Ring und später noch ein weiteres Mauerstück aufgebrochen werden. Doch bald danach wurde der Brunnen aufgegeben.

Was könnte die Eigenheit der wandernden Dünen der Doñana besser veranschaulichen?

---

* *Casa del Inglesillo ist im Jahre 2000 rekonstruiert worden. Heute ist nur noch der obere Teil offen.*

Des Rätsels Lösung

Der „Turm" bei Casa del Inglesillo (1999)

II.7. ACEBUCHE

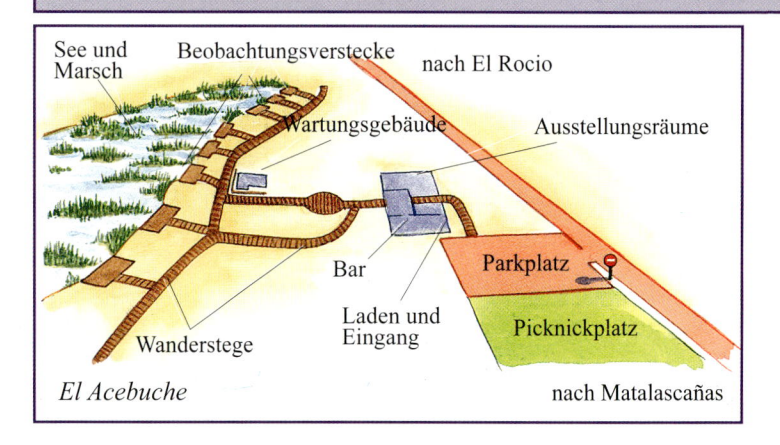

See und Marsch · Beobachtungsverstecke · nach El Rocio · Wartungsgebäude · Ausstellungsräume · Bar · Parkplatz · Laden und Eingang · Picknickplatz · Wanderstege

El Acebuche · nach Matalascañas

Zurück von der Tour durch das Innere des Nationalparks ist Ihr Ziel nun zweifellos ein erfrischender Imbiß und dann ein Besuch im Laden des Informationszentrums Acebuche („Wildolive"). Beides finden Sie im linken Flügel des Gebäudes. In den Vitrinen zwischen der Bar und dem Laden sind Bücher und heimisches Kunsthandwerk ausgestellt. Die meisten Angestellten sprechen Englisch. Gegenüber von Bar und Laden, im rechten Flügel des Gebäudes, befindet sich eine 1991 erneuerte Ausstellung, die vieles von dem zusammenfaßt, das Sie während Ihrer Tour entdeckt haben.

Acebuche wurde 1980 im Stil eines traditionellen, befestigten Bauernhauses gebaut. Der u-förmige Bau, in dessen Mitte ein Innenhof liegt, befindet sich an der Stelle, auf der früher ein Bauernhof stand, der das umliegende Land bewirtschaftete. Vom Hof führt ein Steg zu einer Reihe von Beobachtungsständen, von denen aus Sie über einen See schauen können.

Die Nationalparks Spaniens werden von der dem Umweltministerium in Madrid unterstellten Organismo Autonomo de Parques Nacionales de España verwaltet. Die Leitung der Doñana, El Patronato del Parque Nacional de Doñana, besteht aus 35 Mitgliedern, die die Interessen des Ministe-

Nationalparkverwaltung

In einem Beobachtungsversteck bei Acebuche

riums, der regionalen und lokalen Regierung, der Landeigentümer und anderer relevanter Gruppen vertreten. Ihre Hauptfunktion besteht darin, alle Aktivitäten innerhalb des Nationalparks und das Einhalten der Gesetze zu überwachen. Der Nationalparkdirektor berichtet dem El Patronato del Parque Nacional de Doñana und verwaltet vier Hauptbereiche:

- *Schutz wildlebender Tiere und Pflanzen*: verhindert bzw. korrigiert Einflüsse, die dem Park schaden könnten; überwacht und schützt natürliche Prozesse und nimmt Renaturierungsmaßnahmen vor.

- *Öffentlicher Zugang und Information*: fördert das öffentliche Interesse am Nationalpark und informiert in Form von Ausstellungen und Führungen sowie durch den Verkauf bestimmter Artikel in den Informationszentren. Einige dieser Aufgaben werden anderen über-

Wissenschaft

tragen, wie z.B. die Tour mit dem Geländewagen, die Sie vielleicht unternommen haben. Sie wird von der Cooperativa Andaluza de las Marismas del El Rocío durchgeführt, die hauptsächlich Einheimische beschäftigt und auch den Laden und die Bar betreibt.

Besucher an einer überfluteten Lichtung

- *Instandhaltung*: führt Reparatur- und andere Arbeiten an Gebäuden, Straßen und anderen Einrichtungen des Nationalparks durch. Den Angestellten obliegt die tägliche Instandhaltung. Größere Projekte werden an Unternehmen vergeben.

- *Verbindungen mit der lokalen Bevölkerung und den kommunalen Behörden*: Koordination von Maßnahmen innerhalb des Parks, die auf benachbarte Regionen Einfluß haben könnten.

Die Biologische Station Doñana (EBD, Estación Biológica de Doñana) führt auch Forschungsvorhaben durch. Diese werden vom Wissenschaftsrat (CSIS, Consejo Superior de Investigaciones Cientificas) koordiniert, der dem Bildungs- und Wissenschaftsministerium untersteht.

III.1. Diskussion

Wissenschaftler, die in der Doñana arbeiten wollen, müssen für ihre Projekte eine Genehmigung beantragen. Ihre Forschungsstation liegt dann direkt im Naturschutzgebiet des Parks, im El Palacio de Doñana.

Portugiesische Glockenblume, blaue und weiße Form. Nimmt Albinismus bei Pflanzen zu?

III.1. DISKUSSION

Jede Tour durch den Doñana Nationalpark stört die Vogelwelt am Strand oder das Wild im Wald. Das ist ein bekannter und ständiger Konflikt, öffnet man wertvolle, geschützte Lebensräume für die Öffentlichkeit.

In der Vergangenheit bezogen die Einheimischen ihre für den Lebensunterhalt notwendigen Einkünfte direkt aus der Natur. Heute geschieht das indirekt über die Gelder, die die Touristen zahlen, um die Doñana zu sehen. Trotzdem ist die Anzahl der Besucher durch die Zahl der Plätze in den Geländewagen begrenzt. Würden es mehr sein, hätte man auch mehr Geld zur Verfügung und könnte es in Schutzmaßnahmen investieren, die Tier- und Pflanzenwelt würde jedoch stärker gestört werden. Einige Arten würden sich möglicherweise in andere Lebensräume zurückziehen. In jedem Falle wäre es ein Verlust für die Doñana. Das sensible Gleichgewicht zu wahren – auch dazu werden im Nationalpark Studien vorgenommen.

Straßenbau und Biodiversität

Doch das Schicksal der Doñana liegt in mehr Händen als jenen, die ihren Sand gespürt haben.

Letztendlich sind alle Entscheidungen politischer Natur. In der westlichen Demokratie ist jeder Erwachsene stimmberechtigt. Die Mehrheit wählt Politiker, die ihre Entscheidungen im Namen jedes Bürgers treffen. Zum Beispiel können Politiker beschließen, eine Straße von Cádiz nach Huelva quer durch den Nationalpark zu bauen, wenn sie glauben, dadurch mehr Wähler für sich zu gewinnen. Eine erste Konsequenz wäre mit Sicherheit der Verlust einer ganzen Reihe von Tier- und Pflanzenarten.

Wie wir auf unserer Reise durch die Doñana gesehen haben, sind keine zwei Individuen gleich – selbst eineiige Zwillinge nicht. Jedes Lebewesen reagiert auf bestimmte Ereignisse in einer einzigartigen Weise. Diese Verschiedenartigkeit von Individuen beruht sowohl auf ihren Erbanlagen als auch auf individuellen Erfahrungen. Durch sie gibt es in jeder Tier- und Pflanzenart fast immer einige Individuen, die sich an veränderte Lebensbedingungen anpassen können und damit das Überleben ihrer Art sichern. Diese Mannigfaltigkeit der belebten Welt wird als *Biodiversität* bezeichnet.

Wir können das Konzept der Biodiversität vielleicht besser verstehen, wenn wir es auf eine einfache Aussage reduzieren: Wohl jeder von uns wird mehr Informationen besser finden als weniger, denn dann können wir entscheiden, ob und was wir davon nutzen wollen.

Lebewesen sind komplexer als unbelebte Materie. Will man einen Käfer aus anorganischen Stoffen bauen, benötigt man mehr Informationen als für den Bau eines Steins gleicher Größe. Diese differenzierten Informationen liegen in den Genen der Pflanzen und Tiere.

Das Wissen um die Vielfalt

Junge Spanische Kaiseradler – die Symbole der Doñana – kurz vor ihrem ersten Flug

Weltweit sind bisher etwa eineinhalb Millionen Arten beschrieben worden. Wir wissen nicht, wieviel es heute wirklich sind. Sicher sind es mehr als 10 und weniger als 100 Millionen Arten. Wir wissen aber, daß in jeder Stunde etwa drei Arten aussterben und daß das 100- bis 1000mal schneller vonstatten geht, als zu prähistorischen Zeiten. In der gleichen Geschwindigkeit zerstören wir für uns wichtige Informationen. Wir sind nahezu unwissend über den Nutzen, den sie für uns haben könnten.

Und so sollten wir argumentieren: Wir kennen die Informationen, die in den Tieren und Pflanzen der Doñana stecken, nur zu einem Bruchteil, und wir können ihren potentiellen Nutzen, den sie für uns haben könnten, nicht einschätzen – Grund genug, sie zu bewahren. Der beste Weg, dorthin zu gelangen, besteht darin, so viele Menschen wie möglich mit der Doñana vertraut zu machen. Menschen sollen sie verstehen und schätzen lernen, sich an ihr erfreuen und sich ein Stück weit mit ihr identifizieren – nur so werden Menschen das Handeln ihrer Politiker entsprechend beeinflussen.

heritage interpretation

Doch das bringt uns zurück zu den Bedenken, daß zu viele Menschen die sensible Balance der Doñana stören würden.

Da man die Besucherzahlen begrenzen muß, sollte das, was der Einzelne erlebt, so eindrucksvoll wie möglich sein. Das kann man erreichen, indem man versucht, unser Naturerbe zu erklären. Diese Art der Umweltbildung ist als „heritage interpretation" (Interpretation des Naturerbes) in den USA bereits gut entwickelt. Sie möchte unsere Aufmerksamkeit fesseln, uns neue Betrachtungsweisen aufzeigen und einen Funken ihrer Wichtigkeit aufleuchten lassen. Sie will das, was wir sehen, mit dem verknüpfen, was bereits in uns ist. Sie ermutigt uns, Dinge zu verstehen, uns für etwas zu engagieren, und sie vermittelt uns die dazu notwendigen Informationen. Diese Art, Wissen zu vermitteln, kann nicht mehr sein als eine leichte, führende Hand, die die Dinge erkärt. Doch hofft sie darauf, daß das Verständnis für unser Naturerbe und die natürlichen Zusammenhänge still und stetig in dem Zuge wächst, in dem wir unser Wissen über unsere Sinne Stück für Stück erweitern.

Die Doñana bietet fesselnde Geschichte – und wir müssen sie fesselnd erzählen.

Während unseres Aufenthaltes in der Doñana haben wir gemeinsam viele unzusammenhängende, fast wahllos ausgesuchte Facetten der Natur erlebt – so, wie wir auch unsere täglichen Erfahrungen sammeln. Spannend wird es dann, wenn wir die Beziehungen zu uns selbst erkennen, verstehen und vor allem ihre Bedeutung einzuschätzen lernen.

Die Interpretation des Naturerbes ist eine Entdeckungsreise, und *„Die einzig wahre Entdeckungsreise besteht nicht im Aufsuchen neuer Landschaften, sondern in der Betrachtung des Altbekannten mit neuen Augen."*

(Marcel Proust)

Wir.

Ein Spanischer Sandläufer wird bestimmt.

Bei unserem Besuch bietet sich die Doñana als Momentaufnahme dar. Dieser Moment kann nicht bewahrt werden: Dünen wandern, Bäume sterben, keimen neu aus unzähligen Samen, Vögel ziehen fort und kehren wieder in ihre immer gleiche und doch immer verschiedene Doñana. Aber wir können die Lebensprozesse schützen, die es der Doñana erlauben, so unverwechselbar und vielfältig zu sein. Und das ist unsere wirkliche Verpflichtung, denn es sind die gleichen Prozesse, denen wir nicht nur unsere Existenz verdanken, sondern die es uns erlauben, auch weiterhin zu überleben.

III.2. BUCHTIPS

Vögel:

Heinzel H., Fitter R. & Parslow J.: *Pareys Vogelbuch. Alle Vögel Europas, Nordafrikas und des Mittleren Ostens.* Parey Verlag 1996

Bergmann H.-H. & Helb H.-W.: *Die Stimmen der Vögel Europas.* BLV 1982

Säugetiere:

Corbet G. & Ovenden D.: *Pareys Buch der Säugetiere.* Parey Verlag 1982

Reptilien & Amphibien:

Hellmich W.: *Lurche und Kriechtiere Europas.* Schweizerbart Verlag 1987

Schlangen:

Gruber U.: *Die Schlangen Europas und rund ums Mittelmeer.* Kosmos Verlag 1989

Fische:

Ladiges W. & Vogt D.: *Die Süßwasserfische Europas.* Parey Verlag 1979

Muus B.J. & Nielsen J.G.: *Die Meeresfische Europas in Nordsee, Ostsee und Atlantik.* Kosmos Verlag 1999

Insekten:

Chinery M.: *Pareys Buch der Insekten. Ein Feldführer der europäischen Insekten.* Parey Verlag 1993

Schmetterlinge:

Carter D.J. & Hargreaves B.: *Raupen und Schmetterlinge Europas und ihre Futterpflanzen.* Parey Verlag 1987

Tolman T. & Lewington R.: *Die Tagfalter Europas und Nordwestafrikas.* Kosmos Verlag 1998

Meerestiere:

Lindner G.: *Muscheln und Schnecken.* BLV 2000

Pilze:

Garnweidner E.: *GU Großer Naturführer Pilze.* Gräfe & Unzer 1997

Deutsch und Englisch

Pflanzen:
Schönfelder I. & P.: *Die Kosmos-Mittelmeerflora.*
   Kosmos Verlag 1999

Englische Bestimmungsliteratur ist im *Collins* bzw.
HarperCollins Verlag erschienen für:

   Pflanzen (Wildblumen; Gräser, Seggen & Farne;
   Farne, Moose & Flechten), Vögel, Säugetiere, Reptilien,
   Schmetterlinge, Insekten, Landschnecken, Spinnen,
   Meerestiere und Pilze

Eine Auswahl aktueller Bestimmungsbücher in englischer Sprache

III.3. Index

Tier- und Pflanzennamen sind alphabetisch geordnet, wie sie im Text erscheinen; Persönlichkeiten werden zuerst mit ihrem Nachnamen genannt.

A

Aas 94, 105
Aasfresser 94
Acebuche 6, 56, 60, 142
Adlerfarn *Pteridium aquilinum* 35
Aestivation 129
Ägäische Inseln 90
Alanbrooke, Feldmarschall Lord 70, 71
Alanbrooke, Lady 71
Alba, Herzogin von 65
Albareda, José María 71
Albinismus 145
Alfonso X., König 62, 118
Alfonso XIII., König 67
Almonte 5, 62, 118
Aloe *Aloe* 37
Alpenstrandläufer
    Calidris alpina 20, 88
Alpenwachsblume
    Cerinthe glabra 51
Amerikanischer Flußkrebs *Pacifastucus leniusculus* 21, 73, 74
Amsel *Turdus merula* 102
Arctotheca 39
Arctotheca calendula 99
Aronstabgewächse *Arum* 37
Äthiopischer Reiherschnabel
    Erodium aethiopicum 95
Austern *Ostrea* 84
Austernfischer
    Haematopus ostralegus 88
Australien 52
Australische Silbereiche
    Grevillea robusta 56, 57
Aználcollar 76

B

Bachstelze *Motacilla alba* 20
Baer, G. 71
Balearen 90
Bambus 37
Barrelier-Senf *Brassica barrelieri* 39
Baßtölpel *Sula bassana* 91, 92
Beifuß *Artemisia* 95
Bekassine
    Gallinago gallinago 20, 28
Bernis, Francisco 69, 70
Biaggi, Léo 72
Bienenfresser *Merops apiaster* 41
Bignoniaceae 56
Binsen *Scirpus, Juncus* 37
bilateralsymmetrische Blüte 38
Binsenschneide
    Cladium mariscus 49
Biodiversität 146
Bläßralle
    Fulica atra 18, 20, 26, 28, 30
Blauelster *Cyanpica cyanus* 29, 102
Blaumeise *Parus caeruleus* 29, 102
Blütenblätter 36
Boca del Lobo 6, 16, 22
Bockkäfer *Strangalia* 110
Bollulos del Condado 5
Borghetto, Marquis und Marquise von 68, 69
Bosporus 106
Botanik, Grundlagen 35
Botulismus bei Vögeln 73
Bourlière, François 69
Brachschwalbe *Glareola* 20
Brandseeschwalbe
    Sterna sandvicensis 91
Bruderschaft 118, von Almonte 65
Brunft 126
Brunnen 86, 109, 140
Buchfink *Fringilla coelebs* 102
Buck, Walter J. 66, 67
Buntspecht *Dendrocopus major* 102

A - E

Buschige Braunwurz
    Scrophularia frutescens 95
Bussard *Buteo buteo* 99, 102

C

Cádiz 68, 79, 118, 120, 146
Cádiz-Grasnelke
    Armeria gaditana 57, 99
Camaldoni-Fieberbaum *Eucalyptus camaldulensis* 53, 115
Canariega Brücke 6, 16, 23, 26, 27
Casa de Hato Villa 6, 22
Casa del Inglesillo 7, 94, 133, 140, 144
Casilla de Faginao 102
castañuela 127
Cerro de los Ansares 7, 132
Cerro de Trigo 67
Chafarinas Inseln 90
Chapman, Abel 66, 67, 115, 132
Chico, Antonio 71
Chipiona 7, 79, 97
Chozos de la Plancha 108
Cistensänger *Cisticola juncidis* 102
Cistus libanotis 34
Cistus psilosepalus 47
Consejo Superior de Investigaciones Cientificas (CSIC) 71, 72, 144
Cooperativa Andaluza de las Marismas del Rocío 60, 144
Corema album 95, 99
Corral 132-140
Costa Doñana 75
Coto del Rey 6, 63

D

Dachs *Meles meles* 40
Damwild *Dama dama* 24, 25, 67, 100, 104, 126
Darvik-Ringe 90
Darwin, Charles 139
Delphin *Delphinus delphis* 94
Díaz Benítez, Chiqui (El Vichero) 56
Dingel *Limodorum abortivum* 39, 51
Distelfalter *Vanessa cardui* 130
Diversität 99
Dohle *Corvus monedula* 20
Doñana: Administration 142-145
    Geologie 78-83
    Geschichte 62-77
Drachenbaum *Dracaena draco* 37
Dreistachliger Ginster
    Genista triacanthos 32
Drosselrohrsänger *Acrocephalus arundinaceus* 28
Dünen 83, 95, 96, 132-140
Dünen-Zyperngras
    Cyperus capitatus 95
Dunkelwasserläufer
    Tringa erythropus 20
Dünnschnabelmöwe *Larus genei* 90
Dürreperioden 74, 75

E

Eboli, Prinzessin von 64
Eichelhäher *Garrulus glandarius* 102
Einfarbstar *Sturnus unicolor* 20, 102
einkeimblättrige Pflanzen 37
Eisvogel *Alcedo atthis* 28
Eiszeit 78
El Paraguas 26, 27, 30
El Patronato del Parque Nacional de Doñana 142
El Rocío 5, 6, 15, 16, 62, 79
    Jungfrau von 118
    Marsch von 22
    Pilgerfahrt 13, 60, 116-118
El Vichero 56
Elster *Pica pica* 102, 104
Entwipfeln 116
Erdbeerbaum *Arbutus unedo* 39, 48
Erdbeerbaumfalter
    Charaxes jasius 48
Erdzeitalter 80
Erlenzeisig *Carduelis spinus* 102
Erosion 81-83

E - G

Espinosa Fondevilla, Luis 54
Estación Biológica de Doñana (EBD) 144
Etchécopar, Robert 69
Eugénie, Königin 66
Eukalyptus 42, 52, 69, 70, 110, 111, 116
Evolution 138

F

Farne *Pteridophyta* 35, 48
Faulbaum *Frangula alnus* 50
Feldklee *Trifolium campestre* 58
Feldsperling *Passer montanus* 46, 47
Felipe II., König 63, 64
Felipe IV., König 64
Ferguson-Lees, James 71
Fernando IV., König 62
Fernando der Katholische, König 62
Ferry, Camille 69
Feuer 53, 81, 112
Fingerhut *Digitalis* 37
Filtrierer 84
Fischerei 112
Fischotter *Lutra lutra* 21
Fitis *Phylloscopus trochilus* 29
Fitzalan-Howard, Mariegold 71
Flamingo *Phoenicopterus ruber* 20, 119, 126
Flußregenpfeifer *Charadrius dubius* 19, 20, 31
Flußseeschwalbe *Sterna hirundo* 91
Flußuferläufer *Actitis hypoleucos* 20
Forschung 144
Franco, General 70
Fruchtblätter 36
Frühe Heidelibelle *Sympetrum fonscolombii* 124
Fuchs *Vulpes vulpes* 40, 94, 99
Fuchsschwanz-Klee *Trifolium angustifolium* 58
Fuente, Felix Rodriguez de la 56

G

Gänsegeier *Gyps fulvus* 20, 23, 105, 107
Gartenbaumläufer *Certhia brachydactyla* 29, 102
Garvey, Blanca Medina 68
Garvey, Guillermo 67, 69
Garvey, Maria Medina 67
Gebirgstelze *Motacilla cinerea* 20
Gecko *Gekkonidae* 45
Geflecktes Sandröschen *Tuberaria guttata* 34, 99
Geißblatt *Lonicera* 37
Gelbe Zistrose *Halimium halimifolium* 32, 39, 99, 110
Generalisten 105
Geologie 79-81
Geweih 24
Gewöhnlicher Fieberbaum *Eucalyptus globulus* 52
Ginsterkatze *Genetta genetta* 56, 99
Girlitz *Serinus serinus* 102
Goldregenpfeifer *Pluvialis apricaria* 20
Gómez de Silva y Mendoza, Ana (Doña Ana) 64
González de Soto, Pedro (Marquis von Torresoto) 67
González Gordon, Manuel María 68, 70, 72, 73, 75
González-Gordon Díez, Jaime 75
González-Gordon Díez, Mauricio 3, 11, 68-71, 75
González-Gordon-Stiftung 75
Goya, Francisco José de 65
Gräser 35, 37, 104, 128
Graugans *Anser anser* 20, 74, 115, 127, 130, 132
Graureiher *Ardea cinerea* 20, 28, 30
Grauschnäpper *Muscicapa striata* 102
Greifvögel 23, 28, 102

G - K

Greiskraut *Senecio* 99
Grit 132
Großblütiger Geißklee *Cytisus grandiflorus* 35, 39, 99
Großer Brachvogel *Numenius arquata* 20, 89
Grünfink *Carduelis chloris* 102
Grünschenkel *Tringa nebularia* 20, 89
Grünspecht *Picus viridis* 102
Guadalquivir 7, 78, 79, 82, 83, 96, 102, 108, 117
Guadiamar-Schutzgebiet 72
Guzmán, Alfonso Pérez de (El Bueno) 62

H

Haarblättrige Knotenblume *Leucojum trichophyllum* 58, 99
Hahnenfuß *Ranunculus* 37
Hase *Lepus europaeus* 40
Hasenklee *Trifolium arvense* 58, 59
Haubenlerche *Galerida cristata* 20
Haubenmeise *Parus cristatus* 102
Haubentaucher *Podiceps cristatus* 28
Hausrotschwanz *Phoenicurus ochruros* 20
Hausschwein *Sus scrofa* f. dom. 100
Haussperling *Passer domesticus* 20, 46, 102
Hederich *Raphanus raphanistrum* 39
Heidekrautgewächse *Ericaceae* 39, 48, 110
Herbst-Knotenblume *Leucojum autumnale* 58, 99, 124, 125
Herbstzeitlose *Colchicum lusitanum* 51
Heringsmöwe *Larus fuscus* 20, 89
heritage interpretation 148
Hibernation 129

Hinojos 70
Hinojos-Nelke *Dianthus hinoxianus* 3, 39
Hoffman, Luc 70, 72
Höhlenbrüter 46
Hollom, Pat 71
Holzkohle 110, 111
Hosking, Eric 70, 71
Hüe, François 69
Huelva 5, 68, 79, 146
Huxley, Sir Julian 70-72
Hyazinthen *Hyacinthus* 123

I

Imkerei 114
immergrün 44
Internationale Gesellschaft für Naturschutz 71
Iris *Iris* 37
Isabel, Königin 62

J

Jagd 112, 114, 132

K

Kamele 66
Kammuscheln *Pectinacea* 84
Kampfläufer *Philomachus pugnax* 20
Kanarische Eiche *Quercus canariensis* 43, 44
Kanarische Inseln 66, 131
Kaninchen *Oryctolagus cuniculus* 40, 100, 102, 105
Kelchblätter 36
Kermeseiche *Quercus coccifera* 44
Kiebitz *Vanellus vanellus* 20
Kiebitzregenpfeifer *Pluvialis squatarola* 20, 88
Klee *Trifolium* 39, 58
Kleiber *Sitta europaea* 102
Klimaxvegetation 32
Knäkente *Anas querquedula* 28

K - M

Köhlern 110, 111
Kohl *Brassica* 37
Kohlmeise *Parus major* 102
Kolbenente *Netta rufina* 18, 20
Königsfarn *Osmunda regalis* 48
Korallenmöwe
    Larus audouinii 89, 90
Korbblütengewächse *Asteraceae* 39
Kork 44, 46
Korkeiche *Quercus suber* 42, 44
Kormoran
    Phalacrocorax carbo 20, 91
Korsika 90
Kretischer Hornklee
    Lotus creticus 95
Kreuzblütengewächse
    Brassicaceae 39
Krickente *Anas crecca* 20, 115
Kronen-Wucherblume *Chrysanthemum coronarium* 39
Kuckuck *Cuculus canorus* 102
Kugelkopf-Flockenblume
    Centaurea sphaerocephala 39, 51
Kuhreiher *Bubulcus ibis* 20, 104
Kunsthandwerk 56, 142

L

La Marisma del Rocío 17
La Palma 118
La Rocina 6, 16, 26, 40
Lachmöwe *Larus ridibundus* 20, 89
Lachseeschwalbe *Gelochelidon nilotica* 20, 28, 127
Lacus Ligustinus 82
Laguna de Santa Olalla 6, 62
laubabwerfend 44
Lawrence of Arabia, Film 66
Lentizellen 46
Libellen *Odonata* 124, 125
Lichtungen 103-105
Liliengewächse *Liliaceae* 37, 39
Limonium diffusum 103

Lippenblütengewächse
    Lamiaceae 39
Löffelente
    Anas clypeata 20, 28, 115
Löffler *Platalea leucorodia* 20, 28
López de Carrisoza, José (Marquis von Merito) 68
Lucio 120, 121
Lucio del Membrillo 120

M

Machado y Ruiz, Antonio und Manuel 66
Machado y Núñez, Antonio 66
Madre de las Marismas 6, 16, 17, 62, 64
Malcolmia littorea 2
Malve *Malva* 37
Marmelente *Marmaronetta angustirostris* 115
Marokko 90, 111
Marsch 50, 120-122
Matalascañas 5, 6, 27, 61, 62, 78, 82, 87
Mauren 62, 102
Maurische Landschildkröte
    Testudo graeca 41
Maus *Mus* o. *Apodemus* 134
Medina Sidonia, 3. Herzog von 63
Medina Sidonia, 7. Herzog von 64
Medina Sidonia, Herzoge von 62
Meerfenchelblättriger Beifuß
    Artemisia crithmifolia 95, 135
Meerlavendel *Limonium* 102
Meerviole *Malcolmia lacera* 39
Meerzwiebel *Urginea maritima* 123
Meliaceae 56
Mensch *Homo sapiens* 81, 139
Merito, Marquis von 71
Miesmuscheln *Mytilacea* 84
Miller, Tony 71
Minze *Mentha* 37
Mittelmeer-Laubfrosch
    Hyla meridionalis 129

Mittelmeer-Seidelbast
Daphne gnidium 32, 99
Moguer 118
Mohn *Papaver* 37
Monarch *Danaus plexippus* 131
Mönchsgrasmücke
Sylvia atricapilla 102
monte 32
Mountfort, Guy 69-72
Muschelfischer 85
Muscheln 83, 84

N

Nachtigall *Luscinia megarhynchos*
29, 102
Narzissen *Narcissus* 37, 57, 124
Nelkengewächse
Caryophyllaceae 39
Nicholson, Max 70-72
Niebla, Herzog von 64, 67
Nordischer Luchs *Lynx lynx* 99,
101
Noguera, Salvador 68, 72

O

Ojo 121, 122
ökologische Nische 104
Oleander *Nerium* 99
Olivares, Graf-Herzog von 64
Orchideengewächse
Orchidaceae 37, 39
Organismo Autonomo de Parques
Nacionales de España 142
Orpheusspötter
Hippolais polyglotta 102

P

Palacio de Doñana 6, 64, 145
Palacio de las Marismillas
7, 67, 114-116
Palacio del Acebrón 6, 42, 54
Pardel- oder Iberischer Luchs
Lynx pardina 55, 71, 99-100

Paseo Marismeño 25
Pérez Cabizo, Esteban 62
Perlenbaum *Melia azedarach* 56
Pestizide 73, 74, 115
Peterson, Roger Tory 69-71
Pfeifente *Anas penelope* 20, 115
Pfingsten 60, 97, 117
Pfriemen- oder Spanischer Ginster
Spartium junceum 99
Pfuhlschnepfe *Limosa lapponica* 89
Phellogen 46
Phönizischer Wacholder
Juniperus phoenicea 95, 99
Picards Strohblume
Helichrysum picardii 95
Pilas 118
Pilgerfahrt von El Rocío 13, 60
97, 116-118
Pinienkerne 33, 112
Politik 146
Portugiesische Eiche
Quercus faginea 44
Portugiesische Glockenblume
Campanula lusitanica 145
Portugiesische Schachblume *Fritillaria
lusitanica* 8, 39
Portugiesischer Tragant
Astralagus lusitanicus 39, 50
Preßkork 45
Primel *Primula* 37
Proteaceae 56
Proust, Marcel 148
Punta del Caño 7, 120, 121, 123
Purpurralle
Porphyrio porphyrio 26-28
Purpurreiher *Ardea purpurea* 28, 30
Pyrenäeneiche
Quercus pyrenaica 44

R

Rabe *Corvus corax* 94
radialsymmetrische Blüte 38
Rafael Beca y Cia. 69

R - S

Rallenreiher *Ardea ralloides* 28
Raubmöwen *Stercorias* 91
Raubseeschwalbe *Sterna caspia* 91
Regenbrachvogel
    Numenius phaeopus 89
Reifrock-Narzisse *Narcissus*
    bulbocodium 57, 99
Reiherschnabel *Erodium* 38
Riedmoor 50
Rincón del Membrillo 7, 120
Ringeltaube *Columba palumbus* 102
Rodriguez de la Fuente, Felix 56
Rohrschwirl
    Locustella luscinioides 28, 30
Rohrweihe
    Circus aeruginosus 20, 28
Rosmarin *Rosmarinus officinalis* 32, 39, 99
Rothuhn *Alectoris rufa* 102
Rotkehlchen
    Erithacus rubecula 29, 102
Rotkopfwürger *Lanius senator* 102
Rotmilan *Milvus milvus* 20, 23, 28, 102, 105
Rotschenkel *Tringa totanus* 20, 28
Rotwild *Cervus elaphus* 24, 63, 100, 104, 126
Rundblättrige Eiche
    Quercus rotundifolia 43, 44
Rundköpfiger Thymian
    Thymus mastichinus 39, 99
Rüppell-Seeschwalbe
    Sterna bengalensis 91
Ruten-Leinkraut
    Linaria spartea 34, 99

S

Saalweidenwald *Salix* 50
Säbelschnäbler
    Recurvirostra avosetta 20, 89
Salbeiblättrige Zistrose
    Cistus salvifolius 39, 99
Saline 120
Salzgehalt 83, 87, 127
Samtkopfgrasmücke *Sylvia*
    melanocephala 29, 102
San Juan del Puerto 118
Sancho IV., König 62
Sand-Lichtnelke *Silene portensis* 39
Sanderling *Calidris alba* 20, 88
Sandregenpfeifer *Charadrius*
    hiaticula 20, 31, 88
Sanlúcar de Barrameda 5, 7, 79, 97, 108, 117, 118
Sardinien 90
Schafstelze *Motacilla flava* 20
Schilf *Phragmites* 35, 110, 128
Schilfrohrsänger *Acrocephalus*
    schoenobaenus 29
Schirm- oder Steinpinie
    Pinus pinea 26, 32, 33, 42, 70, 99, 133, 136-138
Schlangenadler
    Circaetus gallicus 23, 105
Schmetterlingsblütengewächse
    Fabaceae 39
Schnäbel 88, 89, 132
Schnatterente
    Anas strepera 28, 30, 115
Schnecken 128
Schopf-Traubenhyazinthe
    Muscari comosum 39, 99
Schopflavendel
    Lavandula stoechas 32, 34, 99
Schwanzmeise
    Aegithalos caudatus 29
Schwarzkehlchen
    Saxicola torquata 102
Schwarzkopfmöwe
    Larus melanocephalus 89
Schwarzmilan *Milvus migrans* 20, 23, 94, 102, 105
Scillaren 123
Scott, Peter 72
Seegras *Cymodocea nodosa* & *Zostera noltii* 83, 84

S - T

Seeregenpfeifer *Charadrius alexandrinus* 31, 88
Segelflug 105-107
Seidenpflanze *Asclepias curassavica* 131
Seidenreiher *Egretta garzetta* 19, 20, 28, 30, 31
Seidensänger *Cettia cetti* 102
Sevilla 5, 79, 118
Sexualdimorphismus 93
Shannon, George 71
Silbermöwe *Larus argentatus* 89
Singdrossel *Turdus philomelos* 29, 102
Sociedad del Coto del Palacio de Doñana SA 68, 69
Sommergoldhähnchen *Regulus ignicapillus* 29, 102
sommergrün 44
Sommerruhe 129
Sonnenröschen *Helianthemum* 39
Spanische Iris *Iris xiphium* 42
Spanische Ornithologische Gesellschaft (SEO) 23, 25, 70
Spanischer Kaiseradler *Aquila heliaca adalberti* 22, 23, 56, 71, 102, 105, 120, 147
Spanischer Sandläufer *Psammodromus algirus* 149
Spätblühende Narzisse *Narcissus serotinus* 124
Spätblühender Krokus *Crocus serotinus* 51
Sperber *Accipiter nisus* 99, 105
Spezialisten 105
Spießente *Anas acuta* 20, 28, 115
Spuren 40, 41, 134
Star *Sturnus vulgaris* 20
Staubblätter 36, 37
Stechende Grasnelke *Armeria pungens* 95, 102
Stechginster *Ulex* 32
Stelzenläufer *Himantopus himantopus* 10, 19, 20, 28
Stern-Klee *Trifolium stellatum* 59
Stieglitz *Carduelis carduelis* 102
Stockente *Anas platyrhynchos* 20, 28, 30
Strandhafer *Ammophila arenaria* 95, 135, 136
Strandsimse *Scirpus maritimus* 127
Strandwolfsmilch *Euphorbia paralias* 95
Straße von Gibraltar 92, 106, 111, 125
Straucheiche *Quercus lusitanica* 44
Strauch-Strandflieder *Limoniastrum monopetalum* 102, 103
Suberin 46
Sumpf-Platterbse *Lathyrus palustris* 39, 47
Sumpf-Schwertlilie *Iris pseudacorus* 50
Sumpffarn *Thelypteris palustris* 35, 48
Süßwasser 86, 87, 109, 121

T

Tafelente *Aythya ferina* 28, 30
Tapeinanthus *Narcissus cavanillesii* 124
Tarifa 62
Tarifa, Herzog und Herzogin von 67, 68, 114
Tartessos 67
Teichralle *Gallinula chloropus* 28, 30
Teichrohrsänger *Acrocephalus scirpaceus* 28
testigo 133, 137, 138, 140
Thermik 106
Thymian *Thymus* 32, 37
Torre Carbonero 6, 82, 92, 93
Torre Salabar 67
Trauerente *Melanitta nigra* 91
Trauerseeschwalbe *Chlidonias niger* 20, 28, 91

T - Z

Treleaven, Dick 93
Trompetenbaum
 Catalpa bignonioides 56
Turmfalke *Falco tinnunculus* 23, 102, 105
Turteltaube *Streptopelia turtur* 102

U

Uferschnepfe *Limosa limosa* 20
UNESCO 74, 75

V

Valdés, Benito 73
Valverde Gómez, José Antonio 69, 70, 73
Vegetation 32-35, 47, 50, 65, 95, 99, 103, 124
Veilchen *Viola* 38
Vera 7, 128
Versteckpferde 113
Vetalengua 7, 121, 122, 127, 132
Viehwirtschaft 17, 113
Villamanrique 118

W

Wacholder *Juniperus* 35, 96, 136
Wald 81, 98, 105
Wald-Greiskraut
 Senecio sylvaticus 99
Wanderfalke *Falco peregrinus* 20, 93, 105
Wanderung (Migration) 107, 125, 129- 131
Wasserralle *Rallus aquaticus* 28
Wasservögel 18
Watvögel 19, 28
Weißbartseeschwalbe *Chlidonias hybrida* 18, 21, 28, 91
Weißer Affodil
 Asphodelus albus 35
Weißkopfmöwe
 Larus cacchinans 20, 89
Weißstorch *Ciconia ciconia* 20

Wendehals *Jynx torquilla* 102
Wiedehopf *Upupa epops* 102
Wiesenpieper *Anthus pratensis* 20
Wildschwein *Sus scrofa* 94, 100, 104, 109, 127
Williams, Alexander 67
Wimper-Heide *Erica ciliata* 39, 47
Winden *Polygonium* 37
Winkerkrabbe *Uca tangeri* 108
Winterruhe 129
Wolf *Canis lupus* 55, 63
World Wildlife Fund (Worldwide Fund for Nature) 72

Z

Zaunkönig
 Troglodytes troglodytes 102
Zedern-Wacholder
 Juniperus oxycedrus 95
Zeugenbaum (*testigo*) 133, 137, 138
Zilpzalp *Phylloscopus collybita* 29, 102
Zistrosengewächse *Cistaceae* 32, 39
Zonierung, horizontale 103
Zonierung, vertikale 99
Zungenstendel
 Serapias lingua 39, 57, 58
zweikeimblättrige Pflanzen 37
Zwergadler *Hieraaetus pennatus* 23, 28, 99, 102, 105
Zwergdommel
 Ixobrychus minutus 28
Zwergmöwe *Larus minutus* 89
Zwergseeschwalbe
 Sterna albifrons 91
Zwergstrandläufer
 Calidris minuta 20
Zwegtaucher
 Tachybaptus ruficollis 28
Zypern 90

Zitat- und Abbildungsnachweis

Zitat S.72 aus: Mountfort G.: *Portrait of a Wilderness* (David & Charles, 1968) mit freundlicher Genehmigung der Verleger.

Folgende **Fotos** mit freundlicher Genehmigung von:

Boliden Apirsa s.l.: S.77 Aználcollar

Cooperativa Marismas del Rocío: Umschlagseite & S.23 Kaiseradler, S.23 Rotmilan, S.27 Purpurralle, S.78 Luftaufnahme Strand, S.88 Austernfischer, S.101 Pardelluchs (Portrait), S.109 Luftaufnahme Hütten, S.120 Wasservögel über Wintermarsch, S.126 Rothirsch, S.127 Lachseeschwalbe, S.147 Junge Kaiseradler

Doñana National Park: S.66 Walter J. Buck, Abel Chapman, S.71 Mountfort Team

Mauricio González-Gordon Díez: S.65 Herzogin von Alba, S.68 Manuel González, Mauricio González

David Holberton-Jones: Umschlagseite *Malcolmia littorea*, S.25 Damhirsch, S.40 Laufkäfer, S.47 *Cistus psilosepalus*

La Duquesa de Medina Sidonia: S.64 7. Herzog von Medina Sidonia

Pablo Pereia: S.101 Pardelluchs

José María Pérez de Ayala: S.116 Pilgerfahrt von El Rocío, S.117 Umzug durch El Rocío

Ken Rawles: S.94 toter Delphin

José Luis Rodriguez: S.21 Fischotter

Alle übrigen Fotos stammen aus dem Archiv des Autors.

Dep. Legal: MA - 1399 - 02
ISBN: 84-607-5839-7